# 梵高和面包车 1

[美] 邦妮 · 纽鲍尔（Bonnie Neubauer）◎著
唐奇 编译

（修订版）

中国人民大学出版社
· 北 京 ·

# “创意写作书系”顾问委员会

感谢Gil，我的宝贝，永远爱你。

# 推荐序

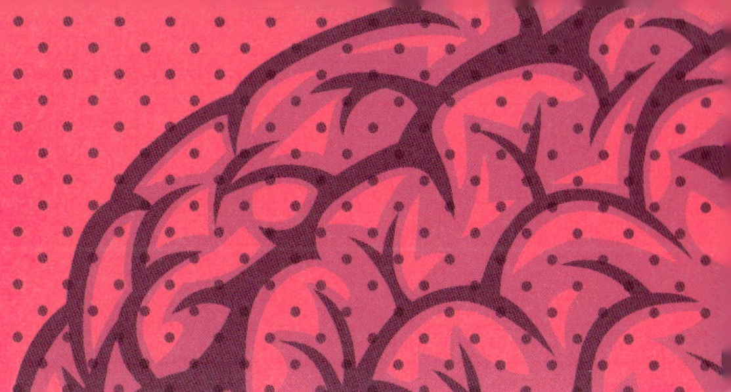

开始写作时，你经常要思考和处理棘手的问题。当然，如何写出完美的场景、抓人的对话，或者成功塑造精彩的人物，答案就藏在你心里，只要你足够集中精力就能找到。不过遗憾的是，当我们在写作中卡壳时，老办法常常让我们陷入沮丧。

幸好，无论你是在写作中卡壳还是感到厌倦，《会写作的大脑》都是突破写作瓶颈的完美解药。这套书提供了400个异想天开的探究式创意写作练习。当我开始做这些练习时，我正好有一本小说的创作陷入停滞。当我卡壳时，我经常质疑自己写作技能的方方面面：我写不出小说，是因为我不够好，我懒惰，我缺少灵感。但是当我允许自己享受游戏的乐趣，我的写作引擎又开始运转了。

《会写作的大脑》不需要你呕心沥血。这些包罗万象的练习，就像是在跟感官和智慧玩游戏，在做练习的过程中，相信你会跟我一样，常常忍俊不禁，一身轻松，沉浸在故事创作中。邦妮·纽鲍尔的练习唤醒了写作的魔力，而很多时候这种魔力在日复一日的生活中消失了。

我们中许多人都是习惯的奴隶，因为我们不知道还有别的方法。但是这本书能帮助你恢复创造力，从头到脚焕然一新。每一页都鼓励你用不同的方法去写作。无论你是在不同的形状中写作、尝试全新的比喻，还是用回忆中的零星片段创作故事，纽鲍尔都提供了你自己可能意想不到的灵感。每一页都让人心痒难耐。

巧妙的双关语和新鲜的比喻能够激活在平时的写作中你大脑中不活跃的部分，你会感觉焕然一新，（以有趣的方式）直面写作中令人兴奋的挑战。我们经常把灵感看得过于重要，仿佛它像闪电一样强大而稀有。这些练习将摈弃这种观念，唤醒令人惊喜的素材储备，它们一直都在那儿，等待着被发掘，只不过你没有意识到。

而且，这本书的视觉效果令人赏心悦目：鲜明的色彩和形状、并置的诗歌和乐曲，能够同时对你大脑的两个半球产生刺激。

这本书提醒我们，有时候最认真地对待写作的方式正是别那么认真。相反，我们需要冒险涉足那些不熟悉的路线和区域，把创造力从藏身之地找出来。

我打赌，你只要尝试一个星期《会写作的大脑》中的练习，就不会再像从前一样写作。继续重复自我是不可能的。

你还在等什么？来吧！

乔丹·罗森菲尔德

# 中文版序

欢迎打开《会写作的大脑》!

我叫邦妮·纽鲍尔，先让我通过一个故事来介绍一下自己：当我年轻时，我挺恨写作的。一说要写作文，我总是会尽可能拖到最后一分钟，还经常为此哭鼻子，因为我实在不知道要写什么。我的脑袋空空如也，活像个灌满了空气的气球。如果我真的是个气球，我大概会选择飞走，那样就不用写作文了。可惜我是个按时交作业而且成绩优秀的好学生，因此，我只能咬着牙应付交差，每次写完作文都感觉如释重负。

我对写作的厌烦一直延续到了大学期间，让我们快进十几年，直到有一个星期，我去替邻居看家。我负责照管的植物就放在书架顶上。浇水时，我无意间扫了一眼书架上的书名。这么抽出一本书来看，似乎有点像偷窥，但是我太好奇了。这其中最吸引我的，是关于创意写作的书。我坐在地板上开始阅读。其中有一本书，在每章末尾都有一个写作练习，这些练习很有趣，让人迫不及待地想要回家一试身手，于是，我就放下喷壶走掉了。(别担心，我先浇完了花。)

从那天起，写作带给了我巨大的快乐。从感谢卡、桌游规则到书籍，我满怀热情、全心全意地写作每一样东西。我还开办了数百次写作训练营，让各个年龄段的人围坐在一起，一起写作和分享。这本书就包含了来自这些训练营的练习中的精华。

那么，在我浇花的那个决定命运的下午，究竟发生了什么？这也会发生在你身上吗？

起初，我认为那本书的作者只是让写作看起来很有趣，从而吸引我去尝试。多年以后，我开始发现事情远没有这么简单。让写作变得有趣的第一步是创造一种不加评判的轻松氛围。我希望《会写作的大脑》做到了，你觉得呢？

你会发现，本书开头给出的规则将使你忘记语法和标点，如果你愿意，违反这些规则也没关系。《会写作的大脑》正是用这种方法邀请你参与这次冒险之旅的。

必须有一个自由的环境，让你抛开条条框框。正如我的一个作家朋友所说，刚开始动笔的时候不妨告诉自己：“这是练习，不是杰作。”每当我发现自己为最终结果而担忧时，这句话就像咒语一样在我耳边回响，提醒我回到文字游戏中。我希望这种说法也能在你最需要的时候帮助你。

最后一步是这本书的真正任务：邀请你加入我的游戏，让你享受过程、磨练技巧、练习用文字填满

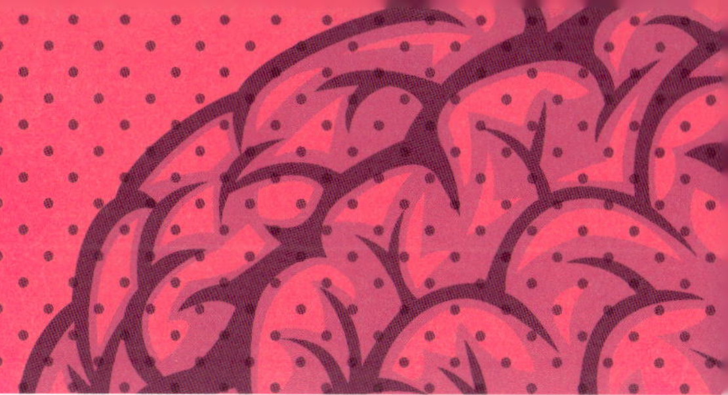

页面。通过这本书起步很容易，因为你不会从空白页开始。空白页提供了太多的可能性，也常常因此扼杀了所有可能性。无论哪种情况都令人望而生畏。在《会写作的大脑》中，通常至少会给你一个开头，指明方向，帮助你开始。在许多练习中，你要回答问题、填空或者从个性化的选项中进行选择。

让写作变得有趣的一个重要因素是找到意想不到的主题。大多数人不会早上醒来就想："今天我要在一个风筝形状的方框里写一个故事"或者"今天下午我要用一个合唱队领唱的视角写作"。通过给你以前没有想到过的提示，你的写作会焕然一新，会有很多灵感争先恐后地涌出来，跳到纸面上。不会有任何预设和期待来妨碍你。

定一个十分钟的闹钟，不间断地写作，是绕过你内心的批评家的最好方法。我唯一强调的规则就是不要停笔，直到你写满一整页或者设定的时间到了。

在游戏中，你会从不同的视角写作（超级英雄、卡车司机），用不同的声音说话（嘶哑的长颈鹿、某地的方言），体验不同的情绪（惊吓、欣喜），去往不同的地方（2121年，美国艾奥瓦州的一个农场），试验和探索不同类型的写作。你就像走进了一间魔幻试衣间——前一刻你刚戴上一顶牛仔帽，下一刻就变成了一架摄影机，然后马上又在跟人比赛大眼瞪小眼。

尝试新点子和新技术会让你成为冒险家，勇敢地走入未知的领域。当你面对未知，好奇心达到顶峰，文字就会自然而然地从心中流淌出来。你会真正置身于让写作变得有趣的环境中。

为了帮助你进一步精进技艺，所有的练习都在同一页上提供了一个额外的迷你提示，叫做"下一步"。它们将帮助你发现一天中什么时候最适合写作、你的偏好是不是从个人回忆中寻找素材、限时写作是不是你的菜、取个笔名能不能给你自由，或者你喜欢以何种视角来写作。

为了保持惯性，我建议每天至少做一个练习。悄悄告诉你一个小秘密，只要你定期练习，你的写作就真的会进步。很神奇吧？你很快会意识到，不必等到缪斯女神出现在你身旁再开始写作。只要经常写作，你会发现缪斯女神无时无刻不在你身边，等着你坐下来，拿起笔。

这本书有几种使用方法。你可以从头开始，按顺序进行，就像你在纸上写作时一样。如果你选择这种方法，练习的顺序能够保证你不会重复遇到相

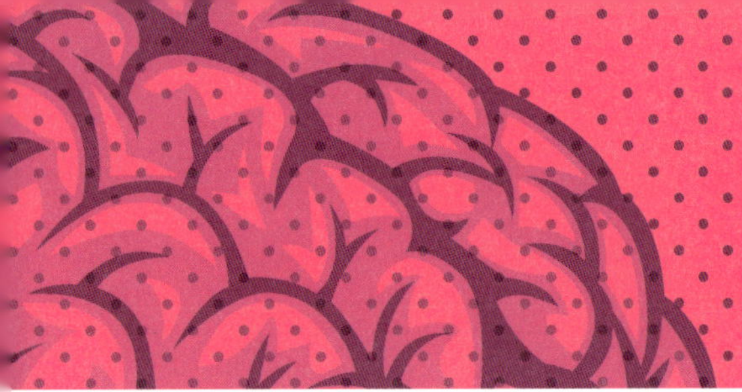

同的类型。这是因为，如果某个类型的练习不对你的胃口，你可能会失去兴趣，停止写作。这是我们最不愿意发生的事。

另一种方法是随便翻开一页，给自己一点惊喜。如果你是个视觉动物，可以把书翻开，让插图指引你找到最吸引你的一页。但是请不要提前阅读练习的内容然后挑挑拣拣。这会让你误入判断的歧途，扼杀自发性。

经常有人问我是怎样设计这些练习的。在很长一段时间里我都是这样回答的："只是偶然间想到的。"但是后来，一个朋友无意中看到了《会写作的大脑》第一版，兴奋地给我发来电子邮件，并告诉我他非常高兴通过这些练习了解到我的生活经历。那一刻我才意识到，创意公式的确是存在的。那就是1+1=3。（小心，别让你的数学老师知道我是这么说的！）意思是，我把两种不同的经历、喜好或选择（1+1）加在一起，一件新东西就出现了。这第三件东西就是练习。

这本书中的练习可以在许多方面帮助你：如果你有作文作业却不知道要写什么或者从哪里开始（我曾经就是这样），这本书能帮你迅速解决问题。如果你已经爱上写作，想要尝试某些新创意、新方法，这本书能为你增添活力。如果你认为已经发现了创意写作的乐趣，但是还在犹豫要不要开始，别担心，这本书会给你鼓励。如果你感觉遇到了瓶颈，每天做几个练习，到第三天你就能找回写作的感觉。如果你是一名教师，需要为课堂和家庭作业找点灵感，这本书中的练习方便又有趣，学生们都会喜欢的。

无论是什么机缘让你找到了这本书，我都希望它能点燃你灵感的火花，让你享受练习带来的乐趣，就像我为你创造它们时一样。

# 引言

朋友们，你们好！我是邦妮·纽鲍尔，欢迎打开《会写作的大脑》。这本书跟其他的创意写作书籍不同，你不必花时间阅读关于写作的知识。相反，你将直接投入写作。跟着这本书，你只需要一支笔和每天10分钟，就可以在家加入这个写作训练营了。

这本书里的所有练习都是为了让你开始写作并坚持下去而设计的，因为你写得越多，就写得越好。随着大量的练习，你会看到自己的进步。我向你保证，整个过程中你不会遇到可怕的空白页——每个练习都给了你一些素材：一段开头、一个结束句、一系列要使用的词汇、一个通过填空塑造的人物……

当你翻阅这本书，你会注意到每一页上都有赏心悦目的色彩和图案。这要归功于（美国）作家文摘出版社了不起的设计团队。我要特别感谢他们，因为在艺术方面，我只会画粗略的简笔画。

如果你想知道这本书是为谁准备的，好吧，它完全适用于9~16岁的青少年，只要你愿意尝试写作。不管你是一提起笔写作文就头疼的“写作恐惧症患者”，还是想进一步提升自己写作能力的大朋友，你都会发现这本书令人大开眼界。如果你刚好遇到了写作卡壳的状况，这本书中的练习也是理想的解药，它们能让你抛弃先入为主的观念，鼓励你写出意料之外的主题。这些练习也是你投入“真正的”作品之前的完美热身。如果你有写日记的习惯，你会感觉非常适应，因为许多练习用的都是个人经历。如果你是个创意写作训练营的粉丝，你再也不用等待下次训练营了。你可以自己在家做练习、度假时做练习，甚至创建你自己的写作小组，跟朋友们一起做练习。加上一点编辑和润色，你可以把很多练习的成果变成故事、诗歌、文章，甚至长篇小说，向出版社投稿。

你会注意到每一页上都有叫作“下一步”的附加练习。这些练习能帮助你更加了解自己的作品，探索自己的写作过程。这些简单的指导可以直接用在你的其他作品中。

有些页面上有这个符号：。表示这个练习可以重复进行。记住这些页面，以后再回过头来看。

本书每一页均标注了两种页码，内侧为中文版页码，外侧为英文原书页码，方便读者查阅。

这本书还特别适合家长和孩子一起写，如果你的孩子一提起写作就头疼，总是不知道写什么，或者怎么写都干巴巴的，无法打动人，你可以让他试试这些练习。如果一起写，你会收到不一样的效果，信不信？孩子有一颗更具创意的大脑。

这本书也经常会受到语文老师的青睐，他们适时地选用一些练习，或者每天安排固定的时间在班级内一起写，然后每周安排分享。不得了了，他们发现那些最不

爱动笔的孩子也停不下来，每次分享都会笑声不断，一个个孩子变成故事大王，写作能力慢慢地提升超越。

再说最后一件事，我就放你去写作：创作这本书时我过于热情高涨，出版社不得不删减了一些练习。当他们看到我对此有多么懊恼，他们慷慨地提出为所有购买这本书的读者提供在线访问这些额外练习的途径。网址是www.writersdigest.com/write-brain-workbook-revised。

在下一页上，你会看到一些本书中练习的基本规则和指南。如果你不想遵守规则（就像我一样），那么规则就是为了让你打破的。无论怎样，是时候翻开这本书、开始写作了。

希望你享受这本书中等待你的写作大冒险。开始写吧！

邦妮·纽鲍尔



附注：特别感谢参加过我的写作训练营的朋友们，以及购买了我的创意写作书籍和故事轮盘的孩子和教师们。你们对写作的热情和投入深深地感染了我。

# 规则

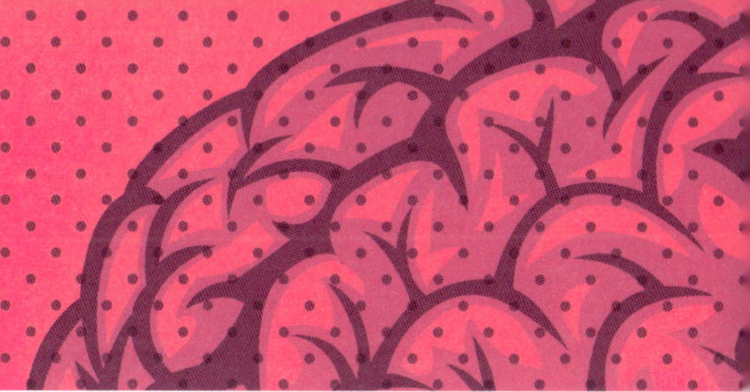

这里是本书中练习的基本规则和指南。

· 坚持写作：这是保持写作动力的最佳方法。不要停下来，坚持写，勇往直前。如果你遇到了瓶颈，不知道接下来要写什么，重复最后一个字，直到新东西开始浮现。通常最后一个词是“然后”。那就写“然后，然后，然后……”很快你会写出“我已经厌倦然后了。我还厌倦……”然后你就可以接着写下去了。

· 不要编辑：编辑是左脑的工作，会让你失去动力——这些练习都是为了右脑设计的。不要往回看，删除或者修改文字。如果你想不出一个特定的词，画一条横线，然后接着写。最后，横线会提醒你还需要找一个词。不要担心拼写或语法（向所有的语文老师道歉），以后有的是时间做那些。只要你能读懂自己写的东西就行。

· 放飞自我：不要担心最终结果。允许自己随心所欲地写。不要限制自己。你不需要把作品给任何人看，跟你的灵感和文字自由嬉戏吧。

· 要具体：用你所有的感官来描述事物。用嗅觉描述一台电脑，用味觉描述一辆出租车。要让读者记得你的作品，最好的办法就是具体：不要写“玩具”，要写“少了一条胳膊的蝙蝠侠玩偶”。如果你发现当你试图写得具体时，你内心的编辑出来捣乱了，立刻放弃这条规则。

· 当你写作时，感觉骄傲：这些写作练习的目标就是写满一整页。当你这样做时，让自己为这项成就感到骄傲。享受这种感觉，并且带着这种势头尽快再次投入写作。不要否定你的作品，或者拿它与其他人的作品相比。否定和比较会扼杀动力，是前进道路上的拦路虎。在所有的规则中，这一条无疑是最重要的。

现在，开始练习吧……

# 目录

# 这是一个看脸的世界

有些人对面孔过目不忘。或许你在这个练习中创造的面孔也会成为一个令人难忘的人物。从下面各项中圈出你感兴趣的特征，随着你的选择，一张面孔会逐渐浮现在你的眼前，剩下的就交给它吧。

**脸型：**
圆脸
瓜子脸
心形脸
梨形脸

**肤色/肤质：**
红润
饱经风霜
麻点
光滑
浅褐色
雀斑
白皙
油性皮肤
橄榄色

**眼型：**
杏仁眼
水泡眼
凸眼
眯缝眼
圆眼

**眼睛颜色：**
褐色
绿褐色
绿色
蓝色
黑色
灰色
布满血丝
黄色

**鼻子：**
鹰钩鼻
蒜头鼻
高鼻梁
朝天鼻
塌鼻子
翘鼻子

**脸颊：**
苹果脸
松弛
丰满
凹陷
红润

**发色：**
黑色
褐色
白色
金色
红褐色
银色

**发质：**
有弹性
绵发
卷发
油腻
纤细
直发

**嘴唇：**
薄嘴唇
厚嘴唇
成熟的
撅起的
残忍的
突出的
皲裂的

**牙齿：**
龅牙
歪斜的
黄牙
假牙
牙缝大的
珍珠般的
参差不齐的

**下巴：**
颏裂
双下巴
尼安德特人的下巴
后缩的下巴
方下巴

**斑、痣和其他特征：**
老年斑
笑纹
酒窝
粉刺
疤痕
胎记
疣
眼镜
浓妆

**该给这个人物起个名字了：**

姓：__________

名：__________

有意思的部分来了：你要把刚刚创造的这个人物具体化，从他的角度来写作。这样开头：

从来没有人说过我……

## 下一步

回顾以上所有关于发质的选项，这一次结合你的写作来思考。找出描述最准确的一个词。未来你准备继续沿用这个描述，还是尝试一点新花样？你打算用哪个词？为了将这个词具体化你都能做些什么？

# 一个词一分钱

闭上眼睛，用手指随便滑过这些词。睁开眼睛，你正指着哪个词，哪个词就是接下来要写的主题。下面有两片书写区，选两个词，写两段短文。在“下一步”中，你将学会如何把这个词表变成既方便又有效的灵感生成器。

| 巧克力 | 石英 | 钱 | 肌肉 | 门把手 | 诱惑 | 橡皮 | 凉鞋 | 火星人 | 月亮 |
| --- | --- | --- | --- | --- | --- | --- | --- | --- | --- |
| 泡泡 | 橘子 | 血 | 尘土 | 伦敦 | 垃圾 | 小偷 | 搭便车 | 蜡笔 | 罪行 |
| 诡计 | 假期 | 沮丧 | 隔离 | 木琴 | 闪光 | 第二次世界大战 | 紫丁香 | 氯气 | 风筝 |
| 角落 | 狂犬病 | 鳄鱼 | 赌博 | 发动机 | 火车 | 扳手 | 刀 | 洋葱 | 精灵 |
| 洞穴 | 柠檬 | 平衡 | 卷轴 | 冰淇淋 | 机会 | 巴黎 | 小猫 | 驼峰 | 漩涡 |
| 雪 | 鲸鱼 | 椭圆 | 井 | 胃口 | 画像 | 测验 | 照片 | 拉链 | 迸发 |
| 海王星 | 震惊 | 灰尘 | 白蚁 | 闪电 | 紧急 | 队长 | 沙丁鱼 | 冰屋 | 婴儿 |
| 笑 | 杧果 | 法官 | 插曲 | 猩猩 | 无数 | 饥饿 | 篮球 | 生姜 | 独奏 |
| 钻石 | 防御 | 圆顶 | 臀部 | 灯芯绒 | 管弦乐队 | 货物 | 战斗 | 轨道 | 假发 |
| 辫子 | 窗帘 | 猫眼石 | 糖果 | 家长 | 昨天 | 胜利 | 章节 | 帷幕 | 欢呼 |



**主题词** 这样开头：

我曾见过一个海盗……

**主题词** 这样开头：

我的口袋里只剩下两块钱……

## 下一步

复印这一页，沿着表格的边框剪下来。你会得到一张词表，跟一元纸币差不多大小。你也可以自己写一张词表把它放在你的钱包里，你就随时拥有了一笔写作灵感的宝贵财富。而且价格简直太划算了：100个词只要一块钱！

这个练习是个有趣的小游戏。你可能玩过在空白处随机填词的游戏，这次反过来，你要围绕下面随机给出的这些问题写个故事。首先，如实回答括号中的问题，在横线上写出你的答案。然后从给出的开头开始写。写到你填写答案的地方时，把它写进故事里。记住：不一定要使用词语本来的意思。比如：如果你喜欢的花是玫瑰，你也可以把它当成一个女人的名字或者一种颜色。

我记得那次去……

（你最喜欢的度假胜地）

（你最喜欢的颜色）

（你喜欢的一个亲戚的名字）

（你喜欢的运动）

（用一个词形容你的写作）

（用三个形容词描绘你的卧室）

（你喜欢的花）

（你最喜欢的糖果）

（你最喜欢的一首歌或一部电影）

（你小学的名字）

（你家附近的一条街道）



## 下一步

两人一起玩这个游戏会更有趣。复印这一页，或者找个也有这本书的朋友。两个人分别填写答案，然后交换。用给出的开头，写到你朋友提供的答案时，把它写进故事里。写完后，跟朋友分享你的故事。最后把书换回来，留作你写作大冒险的纪念。

# 爱上三角形

乍看上去，字母A像个三角形。从各个角度观察这个形状，发挥想象力，它都可能是什么？我首先想到的是一角比萨饼和冰淇淋圆筒（这在很大程度上说明了我的喜好）。

把你想到的每一件东西都写进故事里，这样开头：

太空站里的空气是……



## 下一步

如果你卡壳了，换个角度审视你的作品会很有帮助。试着从最后一个字开始倒过来读你的作品。或者把纸倒过来拿，看看哪些词会跳到你的眼前。或者把它举到镜子前，看看哪些字写得最工整。这个奇怪而愚蠢的练习能帮你的大脑得到必要的休息。在这个过程中，你可能看到不同的东西，下一步自然而然会浮现。这是用写作把皱眉变成微笑。

# 突破局限

我被邀请……

我被邀请……

我被邀請……

我被邀请……

换一种笔来写作（或者改变你在文字处理软件中常用的字体），你的情绪和词汇表也会跟着改变。在这个练习中，用同样的开头写四段短文。每次都试着模仿给出的字体写完第一行。剩下的部分可以用你自己的字体来写，不过尽量让整个段落的感觉跟第一行保持一致。



## 下一步

如果你觉得保持一种氛围或者把握一个人物的个性有困难，用一种能够囊括你想表现的内容的字体把故事打出来。我们的大脑能够对视觉刺激做出良好的反应，因此，把一种抽象的情绪/氛围/个性转变为一种有形的字体，能使我们更好地感知和处理它。

# 不一样的比喻

从下面表格的每一列中选择一项，组合成一个比喻。比喻越奇怪，围绕它创作一个故事就越有趣。如果你愿意，多尝试几种组合，把它们都用上。例如：在辩论中像悠悠球一样摇摆；像穿着运动鞋的摇椅一样狂野。在这里写下你的比喻：

| 像……一样腐烂 | 失败 | 穿着睡衣 |
|---|---|---|
| 像……一样粉红 | 土豆泥 | 在聚光灯下 |
| 像……一样成熟 | 悠悠球 | 在婚礼上 |
| 像……一样英俊 | 女权主义者 | 戴着手铐 |
| 像……一样脆弱 | 猪 | 在牙医的椅子上 |
| 像……一样诱人 | 砖头 | 在火焰中 |
| 像……一样浪漫 | 国会议员 | 在饼干罐里 |
| 像……一样摇摆 | 啦啦队员 | 在夏天 |
| 像……一样寒冷 | 老爷车 | 在辩论中 |
| 像……一样锋利 | 乡下人 | 在视频游戏里 |
| 像……一样新鲜 | 代打者 | 在黑暗中 |
| 像……一样势利 | 投手 | 在困境中 |
| 像……一样狂野 | 理查德·尼克松 | 在口袋里 |
| 像……一样毛茸茸 | 梦 | 在左外野 |
| 像……一样倒退 | 炸药 | 在狗屋里 |
| 像……一样顽固 | 香蕉圣代 | 在受戒礼上 |
| 像……一样膨胀 | 蟑螂 | 在示威游行中 |
| 像……一样松弛 | 极客 | 在垃圾场 |
| 像……一样恼人 | 鸡蛋 | 在战场上 |
| 像……一样疯狂 | 百吉饼 | 在时间隧道里 |
| 像……一样有帮助 | 木偶 | 在网络空间里 |
| 像……一样灵异 | 摇椅 | 在智囊团里 |
| 像……一样诙谐 | 钻石 | 穿着运动鞋 |
| 像……一样无聊 | 云 | 在冰箱里 |
| 像……一样聪明 | 口红 | 在龙卷风中 |

用这个开头写一个故事，注意其中要用上你创造的比喻。

我喝了一小口……

## 下一步

比喻是一种比较，能让你的作品更加活泼有趣。有创造力的人通常还很擅长另一种类型的比较：把他们自己跟其他人相比，通常是那些更高产或更成功的人。这是在消极地浪费时间。相反，你应该把时间用在尊重自己上。如果你想更高产，就分配更多的写作时间。如果你想更成功，就在将作品公之于世之前，学会把它们变得更专业、更优美。改变是因为你自己希望如此，而不是与其他人相互比较或竞争。

# 图画诗

使用下面给出的开头……

在一本叫作《图画诗》(*Calligrammes*)的诗集中，纪尧姆·阿波利奈尔(Guillaume Apollinaire)用图形来表现诗歌的内容。这个练习给出了一些非常基本的形状，请你用它们来创作一首诗或一篇散文。注意主题要跟形状相互联系。

## 下一步

除了书籍、杂志、报纸和电影之外，还有许多写作形式。我有一种写作形式，就是按照我发明的规则来写作。我喜欢在简洁、清晰、详尽和用户友好之间努力达到平衡，这并不容易。我也喜欢为作者创造写作练习和提示，就像这本书一样。如果你从来没有尝试过写作练习，我会鼓励你试一试。然后把这些思想火花作为礼物送给你的朋友。

# 行话一箩筐

在对话和叙述中加入一些行话，能让你的作品看起来更加真实。这个练习提供了一个机会，听听行话都是怎么说的。

从1～5中选择一个数字，找到右边对应的对话框。把对话框中的词用在你的故事里。

这样开头：

最近……

1、金融：牛市、熊市（市场涨跌）；猴市（大幅波动）；鹿走（快进快出）；黑天鹅（小概率的恶性事件）；灰犀牛（显而易见的大风险）；独角兽（一飞冲天的创业公司）；死猫跳（行情大跌之后的微涨）；伦敦鲸（乱下重注捅了大娄子）。

2、IT：码农（程序员）；搬砖（程序员的工作）；攻城狮（工程师）；产品汪（产品经理）；小白鼠（产品测试）；大厂（业内知名互联网公司）；996（早九点到晚九点，每周六天工作制）；钓鱼（通过伪造页面、邮件、劫持页面等方式骗取用户密码等敏感信息）。

3、ACG：弹幕（视频中屏幕上飘过的点评）；鬼畜（声音和画面高度同步、快速重复的影像素材）；空耳（将某种语言的影视或音乐作品的内容，以另一种语言的谐音重写）；声优（配音演员）；手办（收藏性的人物模型）；特典（购买产品时附赠一些限量生产的小礼品）；DLC（游戏追加的资料片）。

4、收藏：捡漏（以较低的价格买进了价值较高的收藏品）；走眼（把赝品看成了珍品）；掌眼（请别人帮忙看真假好坏）；走宝（针对卖主而言，好东西便宜地出手了）；压堂（镇店之宝）；包浆（器物表面长时间氧化形成的光泽）；到代（收藏品到达相应的年代）。

5、戏曲：梨园（戏班）；跟包（主演、名角的随从人员）；封箱（剧团放假）；客串（非专业演员参加演出）；坐科（参加科班学习）；补台（在演出中巧妙掩饰、弥补演出事故）；洒狗血（表演过火）；场面（戏曲伴奏乐队规模）。

## 下一步

请你写一则30秒的电台广告，推销一种治疗写作障碍的灵丹妙药。尽可能使用写作领域的行话，显示你有多么了解这门技艺和其中的挑战。要把广告写得你自己看了都想买。

# 嘿，说你呢！

你可以这样开头：

为了让宠物喜欢你，首先，你要……

在第二人称视角中，使用人称代词"你"。一开始用这个视角写作显得有点夸张，但是当你习惯了以后，会发现这样既有趣效果又好。一种使用第二人称的好办法是，告诉你的读者怎么做一件事。

从下面的列表中选择一个题目。用第二人称告诉你的读者怎样做。

- 如何误车
- 如何让宠物喜欢你
- 如何大海捞针
- 如何与一位名人擦肩而过
- 如何烧水
- 如何说抱歉
- 如何干预别人的事情

## 下一步

指导书是好东西，但是最好的建议是找到适合你自己的方法。例如：有些写作教程告诉你，最好在开始写作之前列好大纲。或许不列大纲，让故事自由发展，然后再回过头来修改对你更合适。如果你的方法有效，别管专家怎么说，也不必感觉自己做错了。不过，如果你的方法不管用，尽可能地尝试专家、同行和朋友的选择，直到找到最适合自己的方法。

# 好事成双

1.

从1～30中间选择两个数字，在下面的清单中找到它们。将它们用作开头，用你选择的这两个开头，做两次两分钟写作练习。两次的内容不必有联系。目的是看看你在两分钟之内能够写出多少东西。开始写吧！

| | | | | |
|---|---|---|---|---|
| 1 队长 | 7 要价 | 13 芳香 | 19 坦白 | 25 首先 |
| 2 执照 | 8 骰子 | 14 怀疑 | 20 放手 | 26 思考 |
| 3 拨号 | 9 傍晚 | 15 学生 | 21 悬挂 | 27 火焰 |
| 4 法官 | 10 访客 | 16 地下 | 22 发誓 | 28 泄密 |
| 5 狐狸 | 11 摇篮 | 17 投票 | 23 香水 | 29 胃口 |
| 6 装扮 | 12 悬崖 | 18 夜幕 | 24 打印 | 30 黄花 |



## 下一步

在短短两分钟里，你可以为将来的写作做些笔记，为现有的作品加上一两个句子，一鼓作气写完手头这段文字，或者另外选择一个两个字的开头，再写两分钟。这么做会让你感觉棒极了，因为即使生活如此忙碌，你还是可以为坚持完成一项写作练习而感到骄傲。你能让你的缪斯女神知道，你对写作是认真的。只要两分钟，没有足够时间写作的沮丧就变成了积极实践的正能量。心态跟写作中的其他因素同样重要。坚定信心能够成为巨大的动力。

2.

# 斜视——→

有时候换个方向能够改变你的写作。试试看！这样开头：

我忍不住看向窗外（或者任何地方或方向）……

## 下一步

向左右两边极目远眺，描绘你看到的情景，以及你的视线之外可能有什么。

活动活动我们的眼睛、大脑、四肢和心灵，对锻炼写作能力都是大有裨益的！

# 宝石

在空白处写作，写到给出的词语时用上它们。

这样开头：

我从__________摘下……

闪闪发光的蓝宝石

晃瞎眼的钻石

12/012

红宝石

海蓝宝石

珍贵的

黑珍珠

## 下一步

不同寻常的感官组合能够激发读者的想象力，带他们去往自己平常去不到的地方。这里有两种：玩笑和占有。创造一些你自己的感官组合，用在未来的写作中。

# 地下室

描述你发现的一间地下室或地窖。在想象中打开门，走下楼梯，触摸扶手，呼吸阴冷潮湿的空气。留意灯光的亮度，看看楼梯上、地板上和墙壁上都有什么。倾听管道里的声音和其他噪声。锅炉背后的阴影里，有一样你以前从没注意到的东西……一扇老旧的木门！你走到门前，扭动门把手……现在，开始写吧！

## 下一步

如果你要在一间地下室或地窖里举办一场写作派对，你会为这个主题选择什么小吃、娱乐活动和赠礼？除了你的缪斯女神，你还会邀请谁？

# 番茄酱之一

写完这个故事。这样开头：

我第一次看到他时，他正在用一把小刀从瓶子里挖番茄酱……

## 下一步

深入挖掘这个故事中的主要人物。他真正关心的是什么？他的动机是什么？他喜欢你吗？

写完这个故事。这样开头：

我第一次看见她时，她正在告诉三年级的学生番茄酱是一种蔬菜……

## 下一步

你相信写作是：

- 可以教授的？
- 天生就会的？
- 实践出真知？
- 遗传的？

你对写作的观点是怎样的？这对你的写作方法有什么影响？

# 心之国度

如果你愿意，可以按照地图的形状来写作。写完这个故事。这样开头：

我向往加州，却困在艾奥瓦的农场……

## 下一步

说出你的恐惧，是什么让你不敢描写自己的真实生活。每次写作都让这种恐惧释放一点点。没有安全网，就先别从钢丝上往下跳。放松心情，每次写作都让更多的恐惧离你而去。

# 会说话的眼睛·一

写完这个故事。这样开头：

看到她的眼睛之前，我先听到了她的声音……

## 下一步

找到你写作的语气是非常重要的。做完这个练习，圈出你特有的语气。把这本书往回翻，找到全书中更多这样的语言。



# 会说话的眼睛·二

写完这个故事。这样开头：

听到他熟悉的声音之前，我先看到了他的眼睛……

## 下一步

你是否经常混淆“的”“地”“得”的用法？规则是这样的：“的”后面跟的都是表示事物名称的词或词语，如：敬爱的总理、慈祥的老人、戴帽子的男孩。“地”后面跟的都是表示动作的词或词语，如：高声地喊、愉快地唱、拼命地跑。“得”前面跟的多数是表示动作的词或词语，后面跟的都是形容事物状态的词或词语，如：走得很快、踩得稀烂、疼得直叫唤。检查你的练习，修改其中的错误。

# 双重间谍

使用给出的开头。第一次写到括号的位置时，无论其中是什么词，后面每次写到括号的时候都要用这个词。这样开头：

他是我的兄弟，但他是个双重间谍……

[ ]

[ ]

[ ]

[ ]

[ ]

[ ]

[ ]

[ ]

[ ]

CHANCE

## 下一步

制定可以量化的目标能让你事半功倍。“在三个月里，每周写作三天，每天写作十分钟”比“每天写作”更容易实现。

写下未来两天要实现的可以量化的写作目标。

# 疯狂十二月

写完这个故事。

再没有什么比平安夜的________________________________更疯狂的了。

**下一步**

选出六段关于十二月的回忆。把它们作为你未来写作的灵感。

# 九月

用上这七个成语。

九牛一毛　九霄云外　十拿九稳　数九寒冬　一言九鼎　九天揽月　九九归一

这样开头：

我们离开了……



**下一步**

选出七段关于九月的回忆。把它们作为你未来写作的灵感。

# 愚人节

我最成功的一次恶作剧是用一个叫LAVA的共享软件实现的，它能把显示器图像变成一系列流动变幻的色块。我把它装在了一个电脑盲朋友新买的第一台电脑上。你真该看看他吓呆了的表情！写下你对别人，或者别人对你搞的一次恶作剧。

这样开头：

但愿你……

## 下一步

写下六次恶作剧，或者其他关于四月的回忆。把它们作为你未来写作的灵感。

描写一位你的老师。使用尽可能多的形容词和描述性短语，再多都没关系！这样开头：

大多数老师后脑勺都长着眼睛……

# 课堂教学



## 下一步

每件事中都有教训，包括那些让你后悔的事。找出写作领域中一件让你后悔的事。现在，关注其中积极的方面，把它变成一次振奋人心的教训：我感到骄傲……

# 两件大衣

把这些词用在你的故事中：

滚轴　　刷子　　油漆　　灰泥　　工装裤

这样开头：

我拥有的第一件大衣不是哥哥姐姐传下来的旧衣服……



## 下一步

你认为（创意）写作是奢侈品还是必需品？为什么？这种观点对你的写作有什么帮助或损害？

# 真心话·大冒险

想一件很少有人知道的个人隐私（秘密）。写下为了保守这个秘密，你愿意承受的终极挑战。把你的大冒险写在右边。

现在，在这个故事中，你是生活在3030年的“旋子”。从旋子的角度写作，把上面的大冒险用在故事中。这样开头：

灯光忽明忽暗，飞行车开始……

## 下一步

有没有这样一件东西，你现在拥有它，是因为过去勇敢地克服了障碍。事后看来，那段经历也没那么糟，不是吗？写下你吸取的一个教训，能够帮助你克服现在的写作障碍。

# 门镜

你从前门的门镜往外看，
看到了这只眼球。
写完这个故事。这样开头：

我有点恐惧……



## 下一步

如果你能透过门镜看到未来，看到你一个写作计划的完成情况，你想看到哪个计划？它是什么样的？要具体。今天就做点什么来推进这个计划。

# 拟声词

写到给出的各种声音的位置时，用上它们。这样开头：

导师告诉我们……　　　　滴答

钟声

轰隆

一根针落在地上的声音

叮当

砰的一声

嘣

啊！！

嚓嚓

## 下一步

如果你是一位创意写作导师，为了让你的信徒成为尽可能优秀的作家，哪种日常练习会是你给他们安排的必修课？

你现在在做你所倡导的练习吗？为什么？

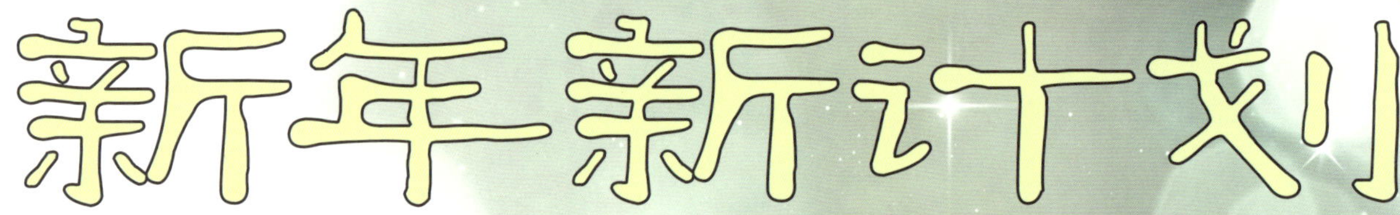

写到每个字母的位置时，把它们用作那个词的拼音首字母。这样开头：

根据新年新计划，我应该……

N

E

W

Y

E

A

R

S

R

E

S

O

L M

T

J

O

N

### 下一步

新年计划已经过时了。每天都要有新计划。未来24小时，你有什么跟写作有关的新计划？

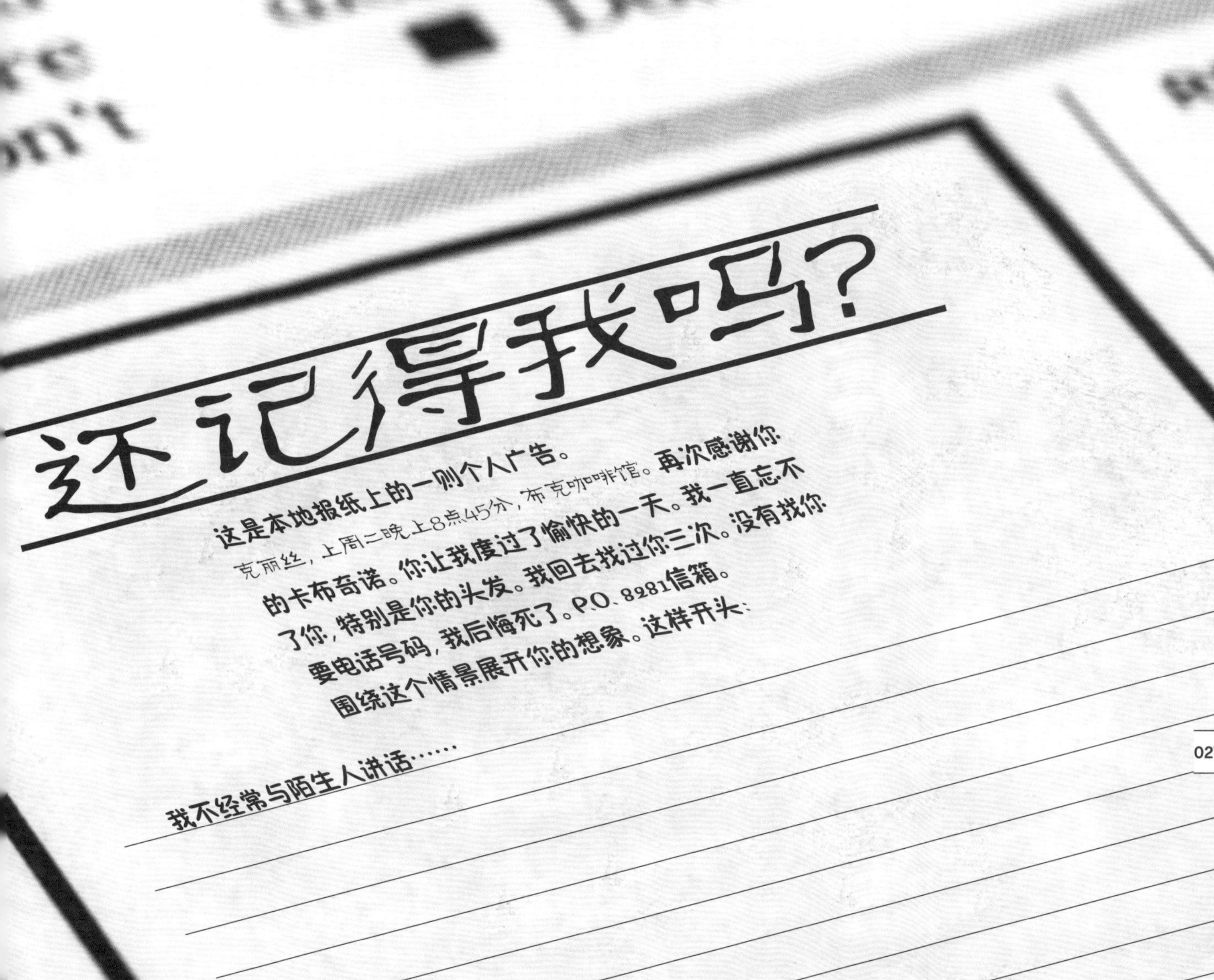

# 还记得我吗？

这是本地报纸上的一则个人广告。

克丽丝，上周二晚上8点45分，布克咖啡馆。再次感谢你的卡布奇诺。你让我度过了愉快的一天。我一直忘不了你，特别是你的头发。我回去找过你三次。没有找你要电话号码，我后悔死了。P.O. 8281信箱。

围绕这个情景展开你的想象。这样开头：

我不经常与陌生人讲话……



## 下一步

列出那些在你写作的道路上帮助或影响过你的人的名单。

给每个人寄一张感谢卡。这会让他们高兴，让你认真对待自己的写作水平。[感谢写作和创意导师特蕾莎·皮卡里（Teresa Piccari）提供了这个练习的灵感。]

# 隐形墨水

1、找一张空白纸片，覆盖在下面的图形上。

2、拿一支圆珠笔。不要用中性笔、马克笔或签字笔。

3、在上面的纸片上慢慢地、用力地、一笔一画地写下一项你要在这个月内完成的写作计划。

4、把上面的纸片扔掉。

5、把日历翻到30天后，做好标记，提醒自己翻回这一页。一个月后，按照“下一步”中的指示去做。

## 下一步

欢迎回来！希望你这个月过得不错。拿出一支铅笔，最好不要用自动铅笔。把笔尖斜过来，轻轻涂抹上面的纸片图形。你一个月前留下的信息神奇地出现了。如果你还没有完成计划，时间还足够。从今天开始。如果你已经完成了，祝贺你！现在再为下个月制定一个目标。顺便说一句，这个练习是个例外，你的目标还是看得见更好。

# 谁，什么，何时，何地……为什么不呢？

| 谁： | 什么： | 何时： | 何地： | 表现： |
|---|---|---|---|---|
| 一位国王 | 一条项链 | 黎明时分 | 一座岛上 | “为什么不呢？” |

**把这五项内容用在一个故事里。这样开头：**

**虽然令人难以置信，但是……**

## 下一步

你为谁写作？描述你心目中的读者形象。找一张你心目中的读者为你起立鼓掌的图片——上网搜索、翻阅杂志，或者自己动手拍一张。把它夹在这本书里，它能提醒你为什么要投入写作，激发你的积极性。

# 静音键

**在你的故事中使用这些词，越多越好：**

| | | | |
|---|---|---|---|
| 音量 | 2 | 向上 | 录制 |
| 频道 | 控制 | 选择 | 向下 |
| 59 | 15 | 遥控 | 来源 |
| 最末 | 最爱 | 67 | HDMI |

**这样开头：**

**如果静音键对人能有效，我会……**

## 下一步

找一张“停止”标志的图片，放在你的案头。下次你内心的批评家再干扰你的创造力时，举起“停止”标志。这个行动应该会立竿见影地让破坏性的声音静音。

# 大杂烩

写下你童年时代一个邻居的名字：

写下一个朋友的口头禅：

写下一个亲戚的怪癖：

写下你希望拥有的一种身体素质：

现在这就是你的名字、你的口头禅、你的怪癖和你的身体素质。用第一人称写作。这样开头：

不是想打破你的幻想，但是……



## 下一步

如果能在你的名字前加上一个词来描述作为写作者的你，而且像顶着一个透明泡泡一样，全世界的人都能看到，你会选什么词？（如果你觉得有困难，多列出一些词，每天删除几个。）

# 想写作吗?

在这页纸上，写下你今天（或者有朝一日）想要写作的所有题目。每个题目用逗号分开，把每一行都写满。别有任何束缚，写到页边，写满所有的空白，天空才是你的极限！

## 下一步

你曾经想过成为另一个人吗？如果你可以成为任何作家，包括在世的或已故的，你会选择谁，为什么？这个人身上有哪种特质，是你能够融入自己的写作当中的？

# 季节颂歌

这是一个吐槽你最不喜欢的季节的机会。用第二人称写作。例如，我最不喜欢夏天，这是我写下的第一行：尽管你是最受赞美的，但是我鄙视你像豌豆汤一样黏稠的空气，让人像被刺客的套索勒住脖子一样喘不过气来。

这首颂歌要送给……

### 下一步

如果将写作比作一座花园，它看起来什么样？实话实说！循着花园的主题，哪种新方法是你在写作中从来没有尝试过的？试试看！

# 白日梦想家

写完这个故事。这样开头：

老师讲课时，我向窗外望去……



## 下一步

描写一扇你曾对着它做白日梦的窗户。不要写风景，只要真正的窗户。

现在想象你就在那里。从“心灵的窗户”眺望几分钟，做白日梦。你看到了什么？你梦到了什么？

# 莎士比亚

在你的故事中用上所有这些由莎士比亚创造的词：

**魔头　　鲁莽　　骑士精神　　轻快地　　华丽的**

这样开头：

他把右手放在长矛上……

## 下一步

“一个朋友的眼睛绝不会注意到这种错误。”——威廉·莎士比亚

职业训练让我们去听取评论家的意见。不要这样做，把你的作品交给一位朋友或同事，让他们指出三个积极的方面。赞美让人感觉良好，能激励你更多地写作。

# 闹鬼的城堡

你应邀在一座闹鬼的城堡过夜。列出六件你一定要带的东西：

1. ______________________
2. ______________________
3. ______________________
4. ______________________
5. ______________________
6. ______________________

把它们都用在故事里。这样开头：

有时候冒险……

## 下一步

如果你必须立刻打包离开家，你会带上你的作品吗？如果会，是哪部作品？如果不会，要让作品出现在这个优先列表上，你需要做什么？

# 嘎嘎叫

写出六种动物的叫声，如哞、咩、嘎嘎等。

在故事中用上尽可能多的叫声。这样开头：

有些关系更令人满意……



### 下一步

在评论别人的作品时，为了避免毁掉一段关系，一定要为你提出的每一条评论提供具体的建设性意见。做个练习，评论这一页上写的一项具体内容。现在，给你自己提出一种建设性的方法来加以改进。

# 记忆中的小路

在记忆中的小路上做几次短途旅行。写下你的回忆，无论是真实的、粉饰的，还是纯属虚构的！循着你的旅程，使用每一段给出的开头……

我记得听说……

我记得抓住……

我记得那些气球……



我记得坠落……

## 下一步

“我记得”总是把我们带回童年，那时候我们使用所有的感官来认识世界，特别是和味觉。写完这段话：我记得尝到过……

明天，在做其他事情之前，写完这段话：我记得闻到过……

# 双重麻烦

下面这些都是多音字。每个字使用两次，每次使用一种读音：

| 背 | 藏 | 差 | 称 | 处 | 倒 | 都 |
|---|---|---|---|---|---|---|
| 度 | 发 | 分 | 更 | 冠 | 会 | 教 |

这样开头：

这下麻烦了……

## 下一步

困扰你的写作怪物（可能就活在你的书桌下面）长什么样？

除了杀死它们，你能做些什么来跟怪物交朋友，让它们为你所用？

# 圆圈游戏

圈出最吸引你的一个词：
态度
蓝莓
旋转木马
地牢
鸡蛋

再圈出一个吸引你的词：
闪光
车库
英俊
迟钝
乱七八糟

再圈出一个吸引你的词：
纪念品
柠檬汁
西瓜
废话
边境

把这三个词用在一个故事中。这样开头：

有时候我觉得自己像一只仓鼠，不停地在轮子里跑圈……



## 下一步

在写作中，你是哪种仓鼠？

1. 在轮子里不停地跑圈？
2. 躲开轮子？
3. 你害怕离开轮子吗？
4. 没有轮子，你能自由奔跑吗？

如果写作不是仓鼠的轮子，而是一架飞机，你的做法会有什么不同？

# 画谜

这个练习中没有文字，而是给出了一些图形。写到图形的位置时用上它们。这样开头：

辩论之后，处于劣势的候选人……



## 下一步

如果有一个文字游戏，需要你把文字填入事先摆放好的长方形条块里，来形成一首形体诗，你会怎么做？

用这个例子试试看。

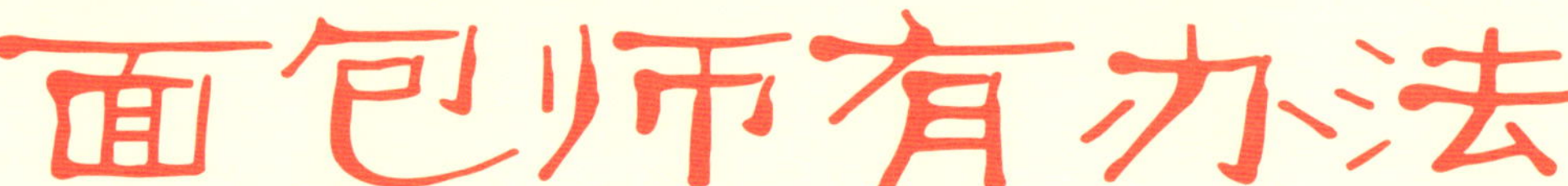

把这13种食物或者与食物有关的词语用在故事中。

- 甘薯
- 种瓜得瓜，种豆得豆
- 鲜奶油
- 柿子
- 矮冬瓜
- 鲜虾盅
- 牛排
- 西番莲
- 巧克力
- 瓜熟蒂落
- 鸡肉
- 冰块
- 面有菜色

这样开头：

她蘸了一点……



## 下一步

有很多种方法可以滋养你作为写作者的自己。我喜欢阅读，还有打破常规，我可以一边写作一边阅读同类型的作品。在写作中，你打破过什么样的规则？遵守什么样的规则？

# 美好回忆

想象跟一个童年好友聊天。重温那些美好时光里的故事和回忆。使用每一段给出的开头。

还记得吗？那次我们尝试……

还记得吗？那次我们打电话……

还记得吗？那次我们问……

还记得吗？那次我们参加……



## 下一步

积极的自我暗示是实现目标的重要方法。制定一个写作目标。（不要有否定词。）

每天早晚大声对自己重复这个目标。你一定会实现它的。

# 有图有真相

虽然说“一张照片胜过千言万语”，不过在这个练习中，你只需要在十分钟内能写出多少字就写多少字。从1~5中选择一个数字，找到下面对应的照片，作为你写作的灵感。

如果你需要一点额外的推动力，这样开头：

走进……



## 下一步

人人都会抓住机会跟名人合影，但是你会抓住机会建立写作联系吗？这里指的是抓住机会出现在那些能够帮助你的写作更上层楼的人面前。举个例子：参加一个定期举办年会的本地写作组织。告诉组委会你很愿意接送参会者（作家、经纪人、编辑）去机场、公车站、旅店等。这样一来，你可以得到与那些在写作领域游刃有余的专业人士共处的黄金时间。别拿问题对他们狂轰滥炸，享受闲谈，如果有自然而然的机会谈到你的写作，当然更好。关键是建立联系，或许以后可以把这种联系维持下去。

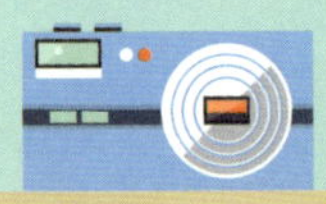

# 小帆船

写满整个船帆的形状。没有横线，你可以自由书写。这样开头：

船航行在……

## 下一步

需要振奋精神时，有些人选择划船，有些人选择下棋，还有些人选择听喧闹的音乐。列出你会做的四件事。

下次你感觉无精打采时，选择其中一件，然后带着重新焕发的活力回到写作中。

# 高层建筑

写完这个故事。这样开头：

在我小时候，那座房子曾是面包店……



## 下一步

金钱当然是一种激励。不过，除了赚钱以外，你从写作中还得到了哪些直接和间接的收益？经常提醒自己这些。

# 决定

写到给出的词语时用上它们。这样开头：

除非事情发生改变……

要么

或者

如果

然后



## 下一步

为了逃避写作，你会做的三件事是什么？

1、

2、

3、

下决心整整一个星期不要做其中一件事，好好写作。现在开始吧！

# 两手准备

用你的非惯用手完成这个练习。不管感觉多奇怪、多不舒服，坚持住！行距很宽。这样开头：

记得我第一次……



## 下一步

你的作品得到的第一句称赞是什么？来自谁？你还记得自己写的是什么吗？这对你未来的写作有什么影响？

# 敢不敢

写完这个故事。这样开头：

她说："我打赌你不敢……"



## 下一步

说出一件你做过的事，其他人可能认为是勇敢或冒险，但是在你看来，只不过是解决问题的途径，或者前进道路上的必经之路。你冒过多少次这样的险？多一些或者少一些，能让你更开心吗？坚持那样做。

# 轻言细语

写完这个故事。这样开头：

她轻声说……

# 非寓言·一

在页面下方，用“这个故事告诉我们”来结束你的故事。

这样开头：

她不是一个……

这个故事告诉我们：鸡蛋未孵出，先别数小鸡。



## 下一步

记录你上周的写作量。按照字数、页数、时长都可以。

- 你的数量：________。
- 为下一周制定一个更高的可以量化的写作目标：________。

一周之后，无论是否完成了目标，都要为自己鼓掌。制定目标本身就是巨大的成就。

# “禁止空白页”大部队

这里有一大串可以作为开头的句子或短语，唯一的目的就是帮助你战胜对空白页的恐惧。具有讽刺意味的是，你必须用一张白纸开始写。找一张白纸吧。一边把这些句子抄到白纸上，一边大声念出来。你会遇上一个想要进一步发掘的句子。通常不是你刚刚写下的这个，而是几分钟前写下的某个句子。把它重写一遍，然后写完整页纸，看看你能得到什么。

- 她的裙摆飞旋，好像……
- 藏在一块胡萝卜蛋糕里……
- 拥抱生命……
- 第一次抱起婴儿……
- 我承认有点嫉妒……
- 我咬到了舌头……
- 我打碎了储蓄罐……
- 我没打算回来……
- 我不在乎别人怎么说……
- 我的胃里直翻腾……
- 我记得坐在圣诞老人的腿上，问他……
- 我拿出我的英汉/汉英大词典……
- 我从来没有被选中……
- 我把姓名缩写写在地面上……
- 如果我们继续罢工……
- 每张班级合影中的我都……
- 角落里挂着……
- 在洞穴中央……
- 她在岩石上看见一张脸……
- 一阵刺耳的声音……
- 知道他居心叵测……
- 我最近听到的消息说他躲在……
- 倾听雨声……
- 玛吉在信封上写下“退回寄件人”……
- 我上周末的相亲就像……
- 我赤脚踩在新长出的青草上……
- 无论你怎么盘算……
- 表面上没有什么不同，但是……
- 一个在海滩上捡石子的下午……
- 静修后第21小时……
- 她朝他大喊道……
- 每当她经过，都留下椰子的香味……
- 她是穿亮橘色运动鞋的那个……
- 我遇到伊戈尔后不久……
- 路中央的黑色皮包……
- 舞蹈老师拿起……
- 波浪的泡沫……

## 下一步

救火时，人们排成一列，把水桶从一个人传到下一个人手中。你可以把同样的概念用在写作目标当中。在你的圈子中（包括真实世界和虚拟世界）找找看，谁能在你前进道路上的每一步帮助你。把他们（象征性地）排成一列，在他们的支持下，你一定能实现目标。人们愿意助人为乐，就让他们这样做吧！

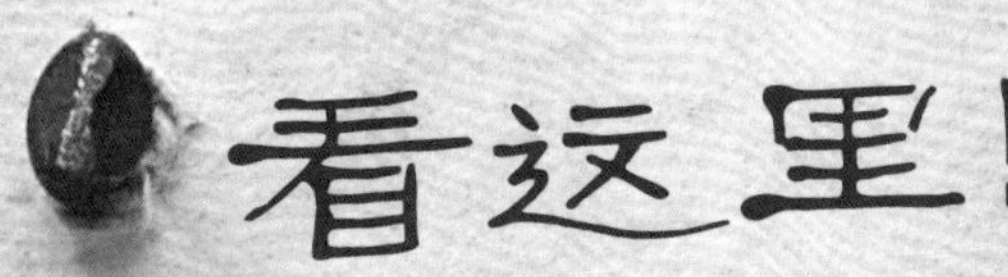

这样开头：

你坐在那儿想，要是有什么可写的就好了。于是你蘸了蘸鹅毛笔，开始写……

## 下一步

描述你写作经历中的一个阶段，你以为没什么可写的、不在状态，或者缪斯女神跟你玩起了捉迷藏，但是你仍然非常高产。

下次遇到写作瓶颈时，回想这一幕。

# 先别写了，听！

使用给出的开头。写到“停”的标志处，即使一个词或一句话正写到一半，停下来！从下一个给出的开头开始写。写出你内心真实的想法！

现在开始吧：

当我面对一张白纸，我感到……

停

我真正想写的是……



## 下一步

给自己发一张许可证，允许自己想什么就写什么，即使这会让你害怕。下次（或者现在）坐下来写作时，开始写你真正想写的东西。

# 牙仙

你是个不高兴的牙仙。你不明白，为什么圣诞老人，甚至复活节兔子得到的关注都比你多。你刚刚造访了一对双胞胎，为他们的每颗乳牙标价20元。这样开头：

难以置信……



## 下一步

人物的生命经常超越一部作品。你在这个故事中创作的一个人物未来可能发生什么？写出来。

再找一个其他作品中的人物，写出来。

# 动动手/动动脚

暂时放下笔。闭上眼睛，用你不写字的那只手抚摸写字的手。留意疤痕、指甲、关节、皮肤的纹路，等等。想想你用这只手做过多少事情。选择其中一次经历写下来。这样开头：

我感觉……



现在脱下鞋子，闭上眼睛。用两只手抚摸你的脚。留意它们跟双手有多么不同。想想这双脚到过多少地方。选择其中一个地方写下来。这样开头：

我知道……

## 下一步

你的身体有很多故事。你的膝盖可能讲述什么样的故事？写出两个。你的下巴呢？

下次你需要寻找写作素材的时候，从这些故事中选择一个。

# 特殊的宠物

从下面这些特殊的宠物中选择一个：

| | | |
|---|---|---|
| 嘶哑的长颈鹿 | 恐高的蜂鸟 | 怕黑的蟑螂 |
| 神经质的猿猴 | 对其他猫过敏的猫 | 五条腿的山羊 |
| 9千克重的老鼠 | 趾甲内生的老虎 | 耳聋的公鸡 |

现在你就是这只宠物。用它的视角和语气来写作。告诉我们你的名字、你从哪里来、你每天都做些什么、你的新主人拥有你的反应如何。这样开头：

人们……

### 下一步

写一则广告，声明为什么作为一个写作者，你是收养一只180千克重的乌龟的最佳人选。让你的理由足够充分。

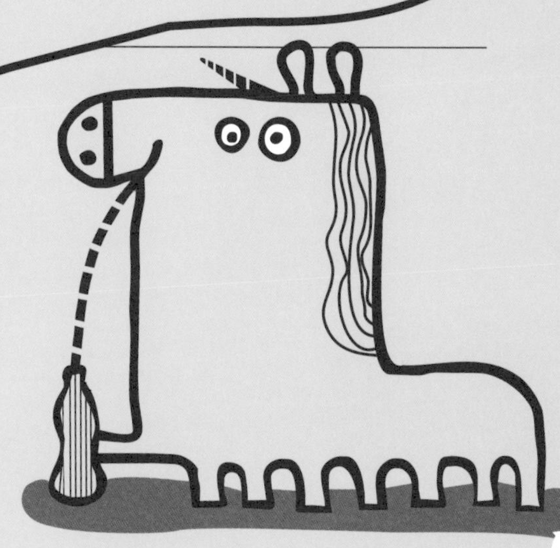

# 贺信

写一封信，祝贺你自己今天某件事情做得特别好。或许是坚持节食，或者是离开了某个总是让你难过的人，或者是克服了拖延症，再或者是完成了这个练习！

亲爱的____________________，

祝贺你，今天干得不错……

________________________________________

________________________________________

________________________________________

________________________________________

________________________________________

________________________________________

________________________________________

________________________________________

________________________________________

________________________________________

________________________________________

## 下一步

描述你理想中的工作，就是说，
用上你所有的天赋，薪水优厚，能让
每天都愉快地从睡梦中醒来。

有时候让全世界都知道，能把愿
变成现实。（小心，别随便许愿哦！）

# 全凭想象

祝贺你得到了为新发行的超市小报写稿的工作。遗憾的是，你能够用于采访的预算非常有限。这意味着你的任务是根据老板提供的标题撰写新闻特写。你的办公室里只有一张桌子、一把椅子、一支钢笔、纸和废纸篓。没有电脑，没有智能手机，没有字典，没有年鉴，什么都没有。当你问老板该怎么做调研时，他回答说："你需要的一切都在你脑子里，把它们写出来就行了。"然后他就不知道跑到哪儿，去为你收集更多的标题了。

从下面给出的标题中选出今天的新闻特写。然后接受你老板的建议，"把你脑子里的东西写出来"。

1、天生长翅膀会飞的女人

2、医学院学生解剖尸体时发现死者的胃里长出了西瓜

3、带静电的男孩引发火灾

4、全世界最大的奶牛排出的甲烷加剧全球变暖

5、曼哈顿中心区发现会吹笛子的美人鱼练习音阶

## 下一步

多年以前人们去看医生，描述他们的症状，然后得到诊断说"你的病全是你想象出来的"。与写作相关的病痛通常围绕着脖子、后背和肩膀。一位脊椎按摩师教给我一个小练习，能够帮助减轻这些症状，改善身体姿态。他称之为"墙壁天使"，因为这有点像躺在雪地上用手脚印出"雪天使"，只不过是站着进行的。具体做法是：背靠墙站，双脚与肩同宽。后背轻贴在墙上。手肘、小臂和手腕都贴在墙上。慢慢地上下摆动手臂，注意保持手肘不要离开墙。重复十次。这真的很有效！

# 世博会

写完这个故事。这样开头：

我生命中最美好的一个夏天，是南希阿姨来我家住的那三个星期，我们去参观世博会……



## 下一步

你跟写作者的关系是怎样的？你是个邪恶的继母、慈祥的阿姨、小兄弟、过度溺爱孩子的父亲，还是别的什么？描述这种关系。如果你希望你们的关系是另一种样子，应该是什么样？然后做点什么来培育新关系。

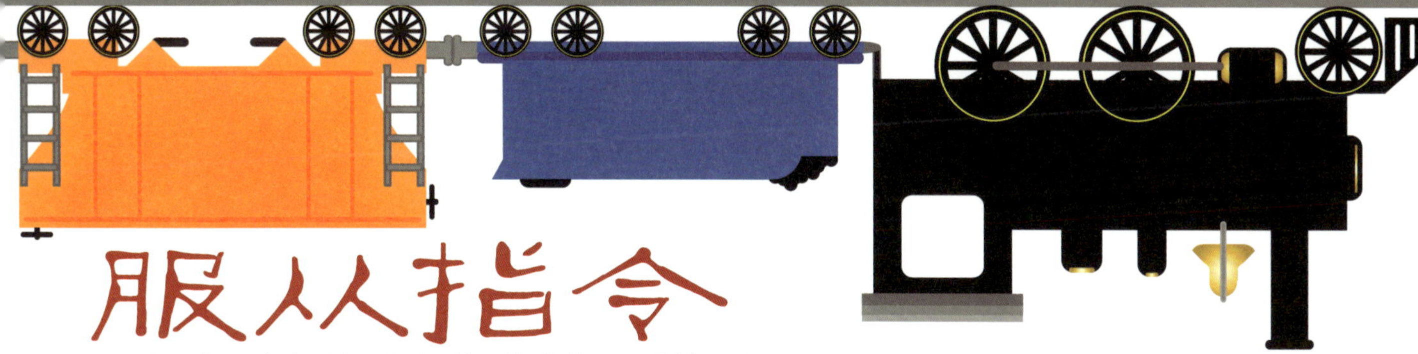

# 服从指令

写到指明方向的词语时，遵照指令执行。这样开头：

就像红色小火车那样……

上

右

左

下

## 下一步

“勇敢的小火车头”说：“我能做到，我能做到。”有没有哪种写作技巧，只要反复告诉自己“我能做到，我能做到”就会慢慢掌握的。写下来。

重复这句话，直到你相信自己能做到。然后就去做。

# 非寓言·二

在页面下方，用“这个故事告诉我们”来结束你的故事。这样开头：

汗珠……



这个故事告诉我们：每一朵乌云都镶着金边。

### 下一步

描述一种想哭却不能哭，或者哭不出来的状态。下次你坐下来写作时用上这种感觉。

# 玩水欢乐多

作为一种挑战，写一个关于游泳的故事，但不要使用下面这些词汇：

波浪
池塘
水池
海洋
水流
湿漉漉
游泳
液体
水
喝
流动
漂流
小溪
深

这样开头：

整个夏天，我像条鱼一样……



## 下一步

在上述所有不允许使用的词语中，哪一个最能描述你作为写作者的自己？为什么？一年后你还希望是这个词吗？如果不是，你希望是哪个词？为什么？

# 见信如晤

这样开头：

亲爱的多萝西，我知道我们已经有37年没联系了……

## 下一步

如果你现在有一个目标（如果没有，马上制定一个），找一个贺卡网站，给自己发一封定时电子贺卡，设定好在目标的最后期限到来之际发送。知道自己发送了这张贺卡能激励你坚持到底。如果你更喜欢传统的方式，把贴好邮票的贺卡交给一位朋友，请他在目标最后期限前两天寄给你。

# 全城大粉红

使用给出的开头，写满整页纸。这样开头：

我的心情是霓虹粉色的……



## 下一步

找一支你喜欢的颜色的马克笔，用校对符号标记这一页上写的内容。现在你内心的编辑得到了出场机会，礼貌地请他回家去。打开这本书时，没有他的位置。

# 首音互换

W.A.斯普纳（W.A.Spooner）是一位牧师，因为无意中交换了单词和短语的发音而著名。首音互换的一个例子是，当你想说“鲜为人知的地方”（nooks and crannies）时却说成“骗子和保姆”（crooks and nannies）。这个练习要求你在限定的时间内，用一组首音互换作为开头和结尾来写作。在上面的例子中，你要从“骗子和保姆”开始，写满整页纸，到“鲜为人知的地方”结束。

选择一组首音互换。

舒适的小角落（The cozy little nook）→ 大鼻子的小厨师（the nosey little cook）

我在生火（I was lighting a fire）→ 我跟一个骗子斗争（I was fighting a liar）

因为一大堆谎言（Because of a pack of lies）→ 因为吃不到派（Because of a lack of pies）

大雨倾盆（It's pouring with rain）→ 痛苦地咆哮（it's roaring with pain）

拯救鲸鱼（Save the whales）→ 扬起风帆（wave the sails）

## 下一步

如果你要把四种调味料混合在一起，配制一种创意饮品，你都会用什么？我的是这样：一匙灵感、几滴汗水、一点笑声、一大笔版税。每天都尝一点自己的饮品，保持前进的动力。

# 对象化

写作提示无处不在。目之所及就有许多对象可以变成作品。我左边的眼角余光看到一只本地咖啡馆的马克杯，杯口挂着茶包。从这个杯子我可以想到两个故事：在咖啡馆跟相亲对象见面却找错了人（对方也在等着相亲）；一次在暴风雪天去露营，路过一间很棒的茶馆。

从下面的列表中选择一个对象，围绕它写一个故事。我故意选择了这些平凡的东西，用你的想象让它们活起来吧。

1、泡沫塑料杯
2、手电筒
3、放大镜
4、老式拨号盘电话
5、照相机
6、一封信
7、一段音乐
8、计算器
9、药瓶
10、记事簿

从下面的开头中选择一个：

我想……
我担心……
他走着……
他等着……
她崇拜……
她擦去……

## 下一步

在哪里写作是非常私人的选择。或许你走进不同的咖啡馆、随便坐在什么地方、忍受背景噪声时最高产。或者你需要待在自己家，坐在自己的椅子上，听着喜欢的音乐，用喜欢的杯子喝着喜欢的饮料，看到熟悉的一切才能写作。无论你属于哪一种，重要的是，一定要有一个你知道你能写作的地方。无论在哪里，无论多么短暂，当你身处那里时就让它完全属于你。

# 我的暑假

讲述你的人生故事时，完全可以写那些你没有做过的事！

使用下面的开头，写满整页纸。

去年暑假我没有……



## 下一步

去年暑假我没有在满月下睡觉，鼓起勇气穿上泳装，或者玩老虎机——虽然这些我都想做。如果你是个赌徒，把写作想象成老虎机，坚持或放弃写作，你会为哪一头下注？为什么？如果你想赌自己能坚持，你愿意赌多少？

# 快乐游戏

使用各行开头给出的词语。这样开头：

我记得我们玩过一个游戏……

打仗

说蠢话

马蹄铁

弹球

起绰号

吐口水



下一步

如果你遇到三岁时贪玩的自己，关于写作，他（她）会问你什么问题？你会怎么回答？

写一个故事来回答这个问题。如果能够随心所欲，人们会……



## 下一步

如果你能把你现在的写作能力加上未来的写作潜力折算成货币，它们值多少钱？你能做些什么来保护这份资产？做些什么来让它升值？

# 我们来做饭

今天你要写一份教人每天写作的菜谱。别忘了，要有配料表和步骤说明。在成品图的位置上，用个人经历和写作范例来说明自己的观点。

即使你写的是关于写作的内容，也要使用在真正的菜谱中使用的词汇。从1~5中选择一个数字，找到下面对应的一行。在“如何每天写作”的菜谱中使用这些词。

1. 炒、1/4千克、一杯、一卷、撒、一大块、搅拌
2. 搅拌、混合、滴、沥干、煮沸、大汤匙、溶解
3. 炖、蒸、切片、千克、融化、搅拌、加热
4. 油脂、烤、折叠、搓、煮、烤、嫩、摇
5. 勺子、混合、季节、磨、剥、切碎、压

## 下一步

编辑的过程就像撇去肉汤表面的油脂。就像你不想摄入过多的脂肪，你也不想在作品中留下多余的词语、句子、段落和章节。希望本页的图片能让削减脂肪（编辑）变得容易些，从而让作品更优秀。试着修改这个练习，或者另一篇作品。

# 安慰食品

冰淇淋
马卡龙和奶酪
土豆泥
麦片粥
鸡汤面

在一篇作品中使用所有这些食品。这样开头：

他总是看起来不太舒服……



## 下一步

如果你常写错别字，不用难过。记住：多查字典没有坏处。为了方便查阅，可以把一些容易写错的词写在一张纸上，放在你的案头。

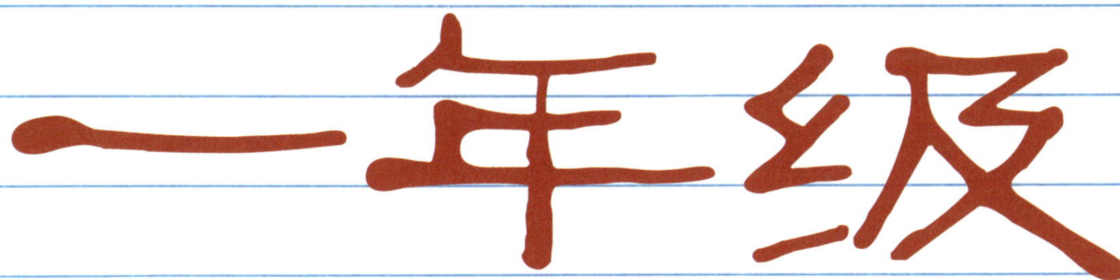

你是个一年级的小学生。从这个角度写作。尽情发挥想象力！用这几个拼音首字母起个名字：

L________ T________ F________

昵称：　　　　眼睛颜色：

头发颜色：　　　　喜欢的食物：

兄弟姐妹的姓名、年龄：

你对兄弟姐妹怎么样：

兄弟姐妹对你怎么样：

关于学校的想法：

关于放假的想法：

这样开头：

这是我上一年级的第一天……

## 下一步

在追求生活的激情和目标的过程中，我们都会面临失败。这是过程的一部分。如果没有失败的经历，我们就不会珍视我们的成就、发现我们的力量，或者明白谁是我们真正的朋友。写出一次这样的经历，以及你从中学到了什么。

# 沼泽怪物

**下一步**

现在制定一个写作的最后期限，让一个核心支持团队定期提醒你。我们都很忙，但是几乎每个人都能挤出时间发一条短信、留一条语音留言，或者发一封电子邮件。告诉他们具体要说什么，这样他们就不用动脑子，只是举手之劳。例如："嗨，就是看看你是否还在坚持，如果遇到什么麻烦了，尽管找我。"

写完这个故事。这样开头：

我们在圣雅克街的一家咖啡馆度过了一个下午，一个春天的下午，像任何下午一样。[这句话是弗朗索瓦兹·萨冈（Francoise Sagan）的《某种微笑》（*A Certain Smile*）的开头。]

## 下一步

当你功成名就，第一件要做的慈善事业是什么？

现在就拿出一张支票，填上你计划捐赠的数额，签名，然后在签名处写上“无效”。把它放在案头，作为一种提醒，你的成功将帮助其他人。

# 最美好的夏天

写完这个故事。

尽管他是我最好的朋友，有时候说话还是会让我抓狂。每年6月30日，一年过半，他总是说："一边六个，一边半打。"我们九岁时这么说可能很聪明，但是现在这简直让我想……



## 下一步

好好想想：什么东西你有六个，而且只有六个？如果没有，虚构一种东西，然后写一则轶事，说明为什么你只有六个。

# 测试1—2—3

## 1 选择一个最吸引你的词

| | | | |
|---|---|---|---|
| 战利品 | 长颈鹿 | 压碎 | 面具 |
| 圣经 | 杂草 | 香蕉 | 瓦斯 |
| 吸气 | 熔岩 | 挡泥板 | 尿布 |

## 2 选择一个最吸引你的场景

| | |
|---|---|
| 观看马戏表演 | 满月下 |
| 战争期间 | 海滩上 |
| 空间站 | 公园 |

## 3 选择一个最吸引你的开头

如果我能停止……

我曾经问过……

第一天……

如果你一定要知道……

飓风逼近……

从这个开头写起，加入你选择的场景和词语。

### 下一步

有些词是三个一组的，比如“美食、祈祷和恋爱”。把你能想到的都列出来。计时十分钟，把它们都写进一个故事里。预备，开始！

# 转瓶子游戏

写完这个故事。这样开头：我第一次参加派对时……

## 下一步

给你现在的生活起个名字，如果它是……

· 一部青少年电影：________________

· 一部言情小说：________________

· 一部情景喜剧：________________

· 一首乡村歌曲：________________

· 一部悬疑小说：________________

· 一次家庭园艺展：________________

# 一天一点时间

现在写下一个故事的片段。从今天以后，每次拿起这本书都翻回到这一页。今天，从给出的开头写到第一个句号。明天，继续写到第二个句号……以此类推。（一共有16个句号。）

我记得那个发型……

。

。 。

。

。

。

。

。

。

。

。

。

。

。

。

## 下一步

很少有人喜欢自己身份证或学生证上的照片，那么，现在让我们描写一个自己喜欢的人物。

# 请坐

写一个故事，这样开头：

他的椅子……

## 下一步

当你坐在椅子里，用舒服的姿势拿起笔，感受胸腔中的每一次呼吸，你的思绪会更加清晰、平静。为了感受其中的差别，用舒服的姿势抄写本页上的一两句话。这样做能帮助你写出最好的作品。

# 梵高和面包车

在故事中用上这两样事物：梵高和面包车。故事发生在2121年，这样开头：

色彩的漩涡……



## 下一步

如果是你洗车，你是洗一块、给这块打蜡，如此反复；还是全部洗完、一起打蜡？在写作和编辑中，最好是全部写完，然后一起修改。这样做能让你的右脑和左脑保持平衡。你已经写完这页了，现在回过头去修改它。让它像刚打过蜡的汽车一样闪闪发光。

# 门镜

你从前门的门镜往外看，看到一张脸。写一个故事。这样开头：

有时候我希望我来自一个小家庭……

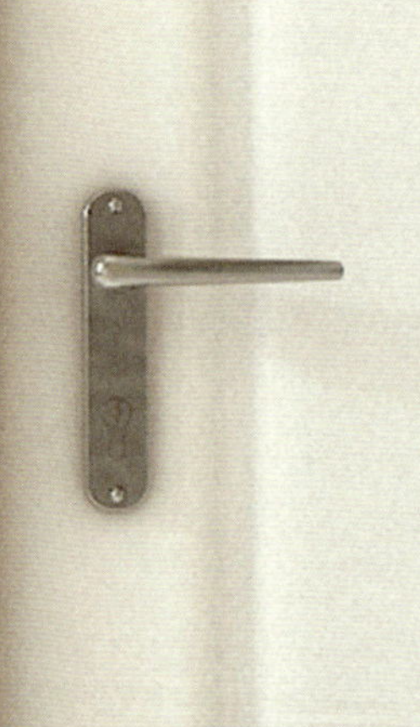

## 下一步

我们不能选择家庭，但是能够选择朋友。追循你的朋友关系，直到与一个著名作家建立联系（就像"六度分隔理论"说的那样）。

# 很久很久以前

啊，经典开头，不过这次玩点花样！下面这些都是“很久很久以前”（once upon a time）的变位词（变换或颠倒字母顺序，组成其他的词），选择其中一个，加入故事的开头中。这能为你的故事增添许多乐趣：

| | | | | |
|---|---|---|---|---|
| 驯服深褐色洋葱 | 露台圆锥菜单 | 九声牛叫茶杯 | 剩下图片牛叫 | 电影院开门 |
| 日场优惠券 | 虱子名字双关语 | 小便图标总计 | 原子松树奋司 | 忧郁的小狗 |
| 燕麦杯候选人 | 玉米卷厌倦诗歌 | 没有疯狂假发 | 浮雕日工单位 | 分钟海洋观测站 |
| 月亮阿姨硬币 | 开放我的拍卖 | 他们联盟鞋尖 | 注意小轿车 | 来吧牵牛花 |

写完这个故事。这样开头：

很久很久以前，早在________________之前……
（把变位词填在这里）



## 下一步

写出关于二月（或者愤怒的棕熊、安全的红宝石、毛茸茸的地下室、摩擦油炸海洋、冲浪内衣）（都是Februarys的变位词）的六段回忆。把它们作为你未来写作的灵感。

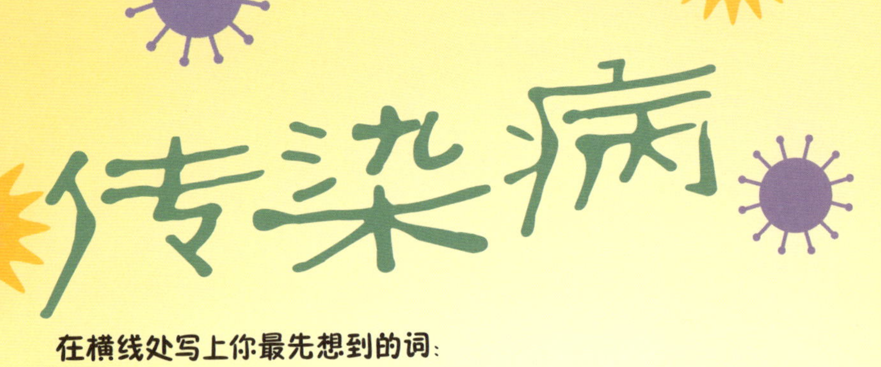


在横线处写上你最先想到的词：

一件家具：______________________________

一种食品：______________________________

一个关于宗教的词语：______________________________

一种鞋型：______________________________

一种运动：______________________________

身体的一部分：______________________________

把这六个词用在故事中。这样开头：

我记得那次得了……

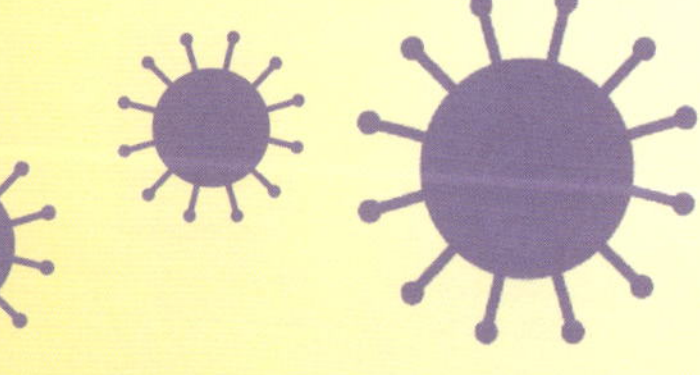

## 下一步

“应该”这个词是有传染性的。你还没意识到，就已经被“应该”包围了。列出与创作有关的你认为“应该”做的三件事，然后把“应该”换成“想要”。

1、我想要……______________________________

2、我想要……______________________________

3、我想要……______________________________

为你想要的东西做点什么。

# 摩天轮

要在大脑中建立新的神经通路，一种方法是改变你完成熟悉的基本任务的方式。术语叫作“神经操”，典型例子是用你的非惯用手刷牙或者拨电话。写作时，你可以改变纸张通常倾斜的方向，让大脑得到额外的锻炼。

大部分右撇子习惯这样放纸： 左撇子习惯这样：

今天，把纸反过来放——倾斜角度越大越好。如果你平时都是正着放纸的，把它倾斜到一个不习惯的角度。写满一整页。这样开头：

摩天轮……



## 下一步

游乐场的摩天轮让一些人兴奋不已，另一些人却不敢坐。写作中也有类似的情况。我喜欢大声朗读我的作品，有些人却感到恐惧（至少是担忧）。你的兴奋点在哪里？

关注它们。不要让恐惧妨碍了你的创造力。时机成熟时，你会找到办法战胜恐惧、渡过难关的。

# 如果它没坏

写完这个故事。这样开头：

它跟没坏的时候不一样了……



## 下一步

你的创意写作周期是什么样的？波浪线、对角线，还是断断续续的？画一张示意图。现在把下周的趋势也画出来，看看你能否延续这个轨迹。

# 红樱桃

想象樱桃的感觉、香气、味道和颜色。带着这种感觉，用这个开头写作：

她的活泼愉快令我……

## 下一步

你在写作中最常用的感官是什么？最不常用的是什么？回过头把这种感官加入本页的故事中。（使用两次！）记住在未来的作品中使用它。

# 后退

写完这个故事。这样开头：

有时候最好是无路可退……

## 下一步

回顾你的整个人生，列出通往今天这本书、这个写作练习的所有里程碑事件。很了不起，不是吗？



# 前进

写完这个故事。这样开头：

有时候你需要放手一搏……

## 下一步

把你的作品公之于世需要勇气和信念。如果你没有这样做，你的生活会是什么样？写下来。是时候放手一搏了！

# 公园漫步

**一、**你外出散步。两个慢跑者经过你身边。你听到他们对话的只言片语："……那次爆炸……"你确信自己没听错。在纸上写下你想象中他们谈话的内容（或者用对话体继续他们的谈话）。

## 下一步

没有一夜成名这种事。现在你在参加一档脱口秀节目，主持人请你讲述你作品中的主要场景都是从哪里来的。细节要丰富。

**二、**你外出慢跑。两个穿着讲究的散步者经过你身边，你听到他们对话的只言片语："我们在卡朋特音乐厅见到富兰克林先生时，你一定要称呼他的全名，不要叫他本杰明……"你确信自己没听错。在纸上写下你想象中他们谈话的内容（或者用对话体继续他们的谈话）。

## 下一步

本杰明·富兰克林没受过多少正规教育，通过抄写别人的作品自学成才。他有一句名言："告诉我，我会忘记；演示给我，我可能会记住；但让我参与其中，我就会理解了。"现在你已经投身写作实践了，你会怎样使用这句名言，帮助其他人走上写作的道路？

# 要么翻倍，要么认输

使用给出的开头。第一次写到双横线时，无论线上是什么词，在后面所有的双横线上都要使用这个词。这样开头：

他说："要么翻倍，要么认输？"我回答……



## 下一步

我打赌你现在的创作力还能翻倍，再写一两页，或者三四页！

# 爱的语言

你是个13岁的女孩，名叫丽莎。你创造了一种自己的语言，在所有发音是“Lì”和“Shā”的字前面都加上一个“好”字。用这种语言写作。这样开头：

星期六晚上，我帮忙看孩子时……



## 下一步

在你的写作中，你是谁？

1. 薪水很低的小时工
2. 欧洲来的保姆
3. 赚外快的退休人员
4. 好孩子
5. 坏孩子
6. 不在家的父母

为了更高产、赚更多钱，同时照顾好你自己，你还会是谁？

# 对话框

在给出的对话框里写出两个人的对话。对话框来自两个不同的方向，一人一个。开头已经给出了。

## 下一步

想象你是这个形状：

你的写作练习是这个形状：

它们之间的交集是怎样的？画一幅示意图。例如：

# 纸牌戏法

在故事中使用这些词汇：红桃皇后、整副纸牌、小丑、发牌

这样开头：

真不敢相信，我就这样上当了……



## 下一步

用电脑制作一张名片，写明你作为作家的联系方式。你会感觉更加专业，在跟其他人建立联系时也会更加认真。

# 建筑积木

用这六块积木创作一个故事。

一个人的姓
另一个人的姓
一个人的名
一个人的年龄
一种水体的名称
一个场景

这样开头：

上一次我……



## 下一步

写出四种你能为写作挤出更多时间的方法。或许是早起十分钟，或者在超市排队时写上几行。

拿出你的生活日历，开始计划吧！

# 火星上的圣诞节

在这里写下六个适合圣诞节的词汇或短语：

这样开头：

我六岁那年，火星上……



## 下一步

你可能不会接到一项火星任务，但是你可以创造一个人物来撰写任务报告，写一篇（包括准则、计划、你是谁、基地，等等）。当你向别人介绍你的作品时用上它。

# 副词

# 大冒险

下面给出了一些副词，写到出现的位置时用上它们。这样开头：

我们离开了……

疯狂地



快乐地

愚蠢地

神秘地

绝望地

## 下一步

继续冒险：从这个故事中选择一句话，把它作为另一篇作品的开头。为了加大难度，这一次在新故事中用上所有这十个副词：遗憾地、坚定地、偷偷地、有条不紊地、猛烈地、随意地、神秘地、吝啬地、实际地、磨磨蹭蹭地。

这样开头：

我非常害怕……

## 下一步

可能有13万个借口让你不再坚持写作。你是什么时候学会为你真正想做的事情找借口的？你为什么还在这样做？

# 圆满结局

用页面下方给出的句子作为你故事的结尾。



……他离开了。迈克把光环往后一推，动手干了起来。他想改变的地方多着呢——

出自罗伯特·A.海因莱因（Robert A. HeinLein）的《异乡异客》（*Stranger in a Strange Land*）。

## 下一步

在结束一个项目时，让你兴奋的是什么？让你害怕的是什么？你能做些什么，把这种害怕变成兴奋？想一些办法。

# 小心翼翼

写完这个故事。这样开头：

那个扒手小心翼翼地……



## 下一步

在所有的可能性中，选择一个你希望明天实现的写作目标。早上第一件事就是完成它。你一整天都会感觉棒极了。

# 你赢了

你收到一个看起来非常可靠的商务信封。回邮地址是一家叫作“无与伦比”的公司。信封上写着红色的大字：“你赢了。”讲述这个故事，你可能赢得了什么——或者没有赢得什么。说说你要拿这个信封怎么办。

这样开头：

生活中总有一些有趣的波折……



## 下一步

你刚刚抵达一个为期两周的写作训练营，这个机会是你在一次竞赛中赢得的。写一封信回家，列出所有你准备完成的计划。

现在完成其中一项（或者全部），无论你是在参加训练营，还是坐在厨房的餐桌旁边。

# 设计者与图片版权

## 设计者

**CLAUDEAN WHEELER:** 1–19, 21–23, 26, 27, 29

**ZACH NICOLAS:** 20, 24, 25, 28, 30, 215–221, 226–229, 290–302, 304–306, 369, 371, 372, 374, 377, 378

**ALEXIS BROWN:** 31–60, 120, 122, 318, 337

**GEOFF RAKER:** 61–86

**BAMBI EITEL:** 87–112

**ELYSE SCHWANKE:** 113–119, 121, 123–138

**BRIANNA SCHARSTEIN:** 139–164

**LAURA KAGEMANN:** 165–177, 190–214

**BRIAN ROETH:** 178–189, 240–264

**JENNIFER HOFFMAN:** 222–225, 230–239

**DAN PESSELL:** 265–289

**CLARE FINNEY:** 303, 307–314

**RONSON SLAGLE:** 315–317, 319–336, 338, 339

**JULIE BARNETT:** 340–364

**ADAM LADD:** 365–368, 370, 373, 375, 376, 379–389

## 图片版权



**1** Fotolia.com/Rachel Arnott; **2** Fotolia.com/Andrey Kuzman; **3** Fotolia.com/muchmania; **4** Fotolia.com/Galina Pankratova; **6** Fotolia.com/gr-group; **11** Fotolia.com/mangpor2004; **12** Fotolia.com/incomible; **13** Fotolia.com/siraphol; **14** Fotolia.com/Okea; **16** Fotolia.com/pywork; **17** Fotolia.com/moypapaboris; **18** Fotolia.com/Thanks For Purchase; **21** Fotolia.com/exopixel; **22** Fotolia.com/Omar Kulos; **23** Fotolia.com/Sergey Drozdov; **24** Shutterstock.com/Marish; **25** Zach Nicholas; **26** Fotolia.com/erika8213; **27** Fotolia.com/BillionPhotos.com; **29** Fotolia.com/vetalgard; **30** Zach Nicholas; **31** Shutterstock.com/Ameu; **32** Fotolia.com/CurvaBezier; **33** Shutterstock.com/Micra; **34** Shutterstock.com/vvvisual; **35** Shutterstock.com/Complot; **36** Shutterstock.com/snapgalleria; **37** Shutterstock.com/smilewithjul; **38** Shutterstock.com/Doremi; **39** Shutterstock.com/kmlmtz66; **41** Shutterstock.com/MikeMcDonald; **42** Shutterstock.com/g/ martynmarin; **43** Shutterstock.com/Doremi; **44** Shutterstock.com/g/karnoff; **45** Shutterstock.com/mymayday; **46** Shutterstock.com/Doremi; 47 Shutterstock.com/mhatzapa; **48** Fotolia.com/CurvaBezier; **49** Shutterstock.com/jorgenmcleman; **50** Shutterstock.com/lavitrei; **51** Shutterstock.com/IvanNikulin; **52** Shutterstock.com/Seita; **53** Fotolia.com/stocksolutions; **54** Shutterstock.com/IakovKalinin; **55** Shutterstock.com/kotoffei; **56** Shutterstock.com/openeyed; **57** Shutterstock.com/Complot; **58** Shutterstock.com/Happy_Inside; **59** Shutterstock.com/Dooder; **60** Shutterstock.com/lyeyee; **61** Fotolia.com/greatandlittle; **62** Fotolia.com/Style-o-Mat; **63** Fotolia.com/CurvaBezier; **64** Fotolia.com/Becker, Fotolia.com/windu; **65** Fotolia.com/sergio34; **66** Fotolia.com/natbasil; **67** Fotolia.com/sukporn; **68** Fotolia.com/BillionPhotos.com; **69** Fotolia.com/WildOrchid; **70** Fotolia.com/fiore26; **71** Fotolia.com/luigi giordano; **72** Fotolia.com/Capeman29; **73** Fotolia.com/sveta; **74** Fotolia.com/Danomyte; **75** Fotolia.com/okalinichenko; **76** Fotolia.com/Maksim Pasko; **77** Fotolia.com/GstudioGroup; **78** Fotolia.com/karandaev; **79** Fotolia.com/445017; **80** Fotolia.com/olly; **81** Fotolia.com/Oculo; **82** Fotolia.com/Cindy Xiao, Fotolia.com/stokkete, Fotolia.com/nikolarakic; **83** Fotolia.com/stuart, Fotolia.com/AlexanderNovikov, **84** Fotolia.com/chab3; **85** Fotolia.com/Dessie; **86** Fotolia.com/AfricaStudio; **87** Fotolia.com/Anna Kucherova; **88** Fotolia.com/- Bitter -; **89** Fotolia.com/incomible; **90** Fotolia.com/ufotopixl10; **91** Fotolia.com/melindula; **92** Fotolia.com/AbsentAnna; **93** Fotolia.com/Login; **94** Fotolia.com/mangpor2004; **95** Fotolia.com/Real Illusion; **96** Fotolia.com/avian; **98** Fotolia.com/eobrazy_pl; **99** Fotolia.com/Dooder; **100** Fotolia.com/kaktus2536; **101** Fotolia.com/Lonely; **102** Fotolia.com/Dejan Jovanovic, Fotolia.com/piai; **103** Fotolia.com/baluchis; **104** Fotolia.com/boomingpie; **105** Fotolia.com/baluchis; **106** Fotolia.com/slybrowney; **107** Fotolia.com/Transfuchsian; **108** Fotolia.com/Ildogesto; **109** Fotolia.com/PrettyVectors; **110** Fotolia.com/beachboyx10; **111** Fotolia.com/depiano; **112** Fotolia.com/olgash_i; **113** Fotolia.com/Rawpixel; **114** Elyse Schwanke; **115** Elyse Schwanke; **116** Fotolia.com/Pakhnyushchyy; **117** Elyse Schwanke; **118** Elyse Schwanke; **119** Fotolia.com/oly5, Elyse Schwanke; **120** Shutterstock.com/KakigoriStudio; **121** Fotolia.com/magnia; **122** Shutterstock.com/Ezepov Dmitry; **123** Elyse Schwanke; **124** Fotolia.com/Iveta Angelova; **125** Elyse Schwanke; **126** Fotolia.com/Igor Serazetdinov, Elyse Schwanke; **127** Fotolia.com/ngocdai86; **129** Elyse Schwanke; **130** Elyse Schwanke; **131** Fotolia.com/Petr Vaclavek, Fotolia.com/pixelrobot, Fotolia.com/Georgios Kollidas; **132** Fotolia.

com/sararoom, Fotolia.com/Ekaterina Molodtsova, Elyse Schwanke; **133** Fotolia.com/dimakp, Elyse Schwanke; **135** Fotolia.com/tackgalichstudio; **136** Fotolia.com/natbasil, Elyse Schwanke; **137** Elyse Schwanke; **138** Fotolia.com/rtguest, Elyse Schwanke; **139** Fotolia.com/KirstyPargeter; **140** Fotolia.com/eatcute; **141** Fotolia.com/merydolla; **142** Fotolia.com/Denchik; **143** Brianna Scharstein; **144** Fotolia.com/karandaev; **145** Fotolia.com/vatrushka; **146** Brianna Scharstein; **147** Fotolia.com/reich; **148** Fotolia.com/riedja, Fotolia.com/mesamong, Fotolia.com/swillklitch; **150** Fotolia.com/thirteenfifty; **151** Fotolia.com/Africa Studio, Fotolia.com/AlenKadr; **153** Fotolia.com/Mikrobiuz; **154** Fotolia.com/blueringmedia; **155** Fotolia.com/Igor; **157** Fotolia.com/Rorius; **158** Fotolia.com/fireflamenco; **159** Fotolia.com/Lonely; **160** Fotolia.com/karandaev; **161** Fotolia.com/Anna-Mari West, Fotolia.com/rtguest; **162** Fotolia.com/Orlando Florin Rosu; **163** Fotolia.com/RetroClipArt, Fotolia.com/ferumov; **164** Fotolia.com/Galyna Andrushko; **165** Fotolia.com/Frog 974; **166** Fotolia.com/palau83; **167** Fotolia.com/hofred; **168** Fotolia.com/nuttapol, Fotolia.com/iuneWind; **169** Fotolia.com/macrovector; **170** Fotolia.com/rashadashurov; **171** Fotolia.com/valeo5, Fotolia.com/eatcute; **172** Fotolia.com/lightgirl; **174** Fotolia.com/scol22; **176** Laura Kagemann; **177** Fotolia.com/rashadashurov; **178** Fotolia.com/Eric Isselée, Fotolia.com/Carolyn Franks, Fotolia.com/anankkml, Fotolia.com/viperagp, Fotolia.com/worldofvector; **179** Fotolia.com/mizar_21984; **180** Fotolia.com/chones; **181** Fotolia.com/worldofvector; **182** Fotolia.com/nortivision; **183** Fotolia.com/katrinaelena; **184** Fotolia.com/Sura Nualpradid; **185** Fotolia.com/picsfive, Fotolia.com/pressmaster; **186** Fotolia.com/mimacz, Fotolia.com/vladvm50, Fotolia.com/Gstudio Group, Fotolia.com/Dimitar Marinov, Fotolia.com/logistock, Fotolia.com/teracreonte, Fotolia.com/oxyggen, Fotolia.com/koolander, Fotolia.com/RA Studio; **187** Fotolia.com/Ekler; **188** Fotolia.com/picsfive; **189** Fotolia.com/bramgino; **190** Fotolia.com/Danussa; **191** Fotolia.com/cirodelia; **192** Laura Kagemann; **193** Fotolia.com/nokastudio; **194** Fotolia.com/cunico; **195** Fotolia.com/hypnocreative; **196** Fotolia.com/click_and_photo; **199** Fotolia.com/Bartlomiej Zyczynski; **200** Fotolia.com/kittitee550; **201** Fotolia.com/Neo Edmund; **202** Fotolia.com/podshibykin; **203** Fotolia.com/okalinichenko; **205** Fotolia.com/cirodelia; **206** Fotolia.com/Lonely; **207** Fotolia.com/jodo19; **208** Fotolia.com/emuemu; **209** Fotolia.com/archideaphoto; **210** Laura Kagemann; **211** Fotolia.com/adimas; **212** Laura Kagemann; **213** Fotolia.com/Iveta Angelova; **217** Fotolia.com/Wissanu99; **218** Fotolia.com/olliethedesigner; **219** Fotolia.com/Wissanu99; **222** Fotolia.com/2xSamara.com, Fotolia.com/serkucher; **223** Fotolia.com/kyoko; **225** Fotolia.com/GiuseppePorzani; **226** Fotolia.com/archideaphoto; **228** Fotolia.com/Andrii Pokaz; **229** Fotolia.com/9comeback; **230** Fotolia.com/Casther; **231** Fotolia.com/magann; **232** Fotolia.com/kmit; **233** Fotolia.com/Irochka; **234** Fotolia.com/frozenmost; **235** Fotolia.com/Alexander Zelnitskiy; **236** Fotolia.com/Feng Yu; **237** Fotolia.com/dwph, Fotolia.com/Neptune; **238** Fotolia.com/eyeretina; **239** Fotolia.com/mysontuna; **240** Fotolia.com/Daniel Heywood; **241** Fotolia.com/fotomatrix; **242** Fotolia.com/zhelunovych; **243** Fotolia.com/HieroGraphic; **244** Fotolia.com/Rada Covalenco; **245** Fotolia.com/najtli; **246** Fotolia.com/sunny_lion; **247** Fotolia.com/rudall30; **248** Fotolia.com/aeroking; **249** Fotolia.com/LeonART, Fotolia.com/mhatzapa; **250** Fotolia.com/RetroClipArt; **251** Fotolia.com/picsfive; **252** Fotolia.com/Sveta; **253** Fotolia.com/Anna Frajtova; **254** Fotolia.com/romvo; **255** Fotolia.com/Seamartini Graphics; **256** Fotolia.com/Adrian Niederhäuser; **257** Fotolia.com/Nik_Merkulov; **258** Fotolia.com/noscovaolga; **259** Fotolia.com/marforrstock; **260** Fotolia.com/th3fisa; **261** Fotolia.com/Fotographix; **262** Fotolia.com/chones; **263** Fotolia.com/Ekaterina Garyuk; **264** Fotolia.com/shadowalice; **265** Fotolia.com/Sylwia Nowik; **266** Fotolia.com/Maksim Shebeko, Fotolia.com/loreanto; **267** Fotolia.com/goodween123; **268** Fotolia.com/wayne_0216, Fotolia.com/jineshgopikklm, Fotolia.com/Ljupco Smokovski; **269** Fotolia.com/jonnysek; **271** Fotolia.com/photosvac; **272** Fotolia.com/fotoatelie; **273** Fotolia.com/elophotos; **274** Fotolia.com/Gianfranco Bella; **275** Fotolia.com/eugenesergeev; **276** Fotolia.com/Arsgera; **277** Dan Pessell; **278** Fotolia.com/ra2 studio, Fotolia.com/Virynja; **279** Fotolia.com/Photobank; **280** Fotolia.com/tomo; **281** Fotolia.com/Irochka; **282** Fotolia.com/Ljupco Smokovski; **283** Fotolia.com/Dmytro Sukharevskyy; **284** Fotolia.com/cirodelia; **285** Fotolia.com/sutichak; **286** Dan Pessell; **287** Fotolia.com/zsooofija; **288** Fotolia.com/jonbilous; **289** Fotolia.com/tinadefortunata; **290** Zach Nicholas; **291** Fotolia.com/Garry Images; **292** Zach Nicholas; **293** Zach Nicholas; **294** Zach Nicholas; **295** Fotolia.com/Aleksandra Novakovic, Zach Nicholas; **296** Zach Nicholas; **297** Zach Nicholas; **298** Fotolia.com/girafchik; **299** Zach Nicholas; **300** Fotolia.com/lestyan; **301** Zach Nicholas; **302** Zach Nicholas; **303** Fotolia.com/Jorge Alejandro; **304** Zach Nicholas; **305** Zach Nicholas; **306** Fotolia.com/eatcute; **307** Fotolia.com/rtguest, Fotolia.com/patrimonio designs; **308** Fotolia.com/mattasbestos, Fotolia.com/liravega.ai; **309** Fotolia.com/jesadaphorn; **310** Fotolia.com/dule964, Fotolia.com/Uros Petrovic; **311** Fotolia.com/headcircle, Fotolia.com/eat cute; **312** Fotolia.com/00798; **313** Fotolia.com/photoestelar 3; **314** Fotolia.com/Rada Covalenco; **315** Ronson Slagle; **316** Fotolia.com/Giorgio Clementi; **317** Ronson Slagle; **318** Shutterstock.com/veron_ice; **319** Ronson Slagle; **320** Ronson Slagle; **322** Ronson Slagle; **324** Fotolia.com/Sebastian Kaulitzki; **325** Fotolia.com/bannosuke; **326** Fotolia.com/Julia Tim; **327** Fotolia.com/Meliha Gojak; **329** Fotolia.com/aaabbc; **331** Ronson Slagle; **334** Ronson Slagle; **339** Fotolia.com/Ludmila Baryshnikova; **340** Fotolia.com/Andrey Kuzmin; **342** Fotolia.com/evgenyi; **343** Fotolia.com/aopsan; **344** Fotolia.com/rashadashurov; **346** Fotolia.com/MassimoSaivezzo; **347** Fotolia.com/ilqarsm; **348** Fotolia.com/ra3rn.tif, Fotolia.com/rashadashurov; **350** Fotolia.com/MG1408, Fotolia.com/teerawat_camt, Fotolia.com/Oksana; **355** Fotolia.com/calmacanul; **357** Fotolia.com/brat82; **358** Fotolia.com/binik; **360** Fotolia.com/Fly_dragonfly; **361** Fotolia.com/Kudryashka; **363** Fotolia.com/Masson; **364** Fotolia.com/-Bitter-; **365** Fotolia.com/lestyan; **366** Fotolia.com/studiostoks; **367** Fotolia.com/denis_pc; **370** Fotolia.com/Lonely; **373** Fotolia.com/sundarananda; **376** Fotolia.com/BillionPhotos.com; **382** Fotolia.com/molowpoly; **383** Fotolia.com/karandaev; **386** Fotolia.com/macrovector; **387** Fotolia.com/olegdudko; **388** Fotolia.com/Constantinos; 389 Fotolia.com/archideaphoto

# 致谢

如果不是我坚持要把这些练习挤进这本书里，我本来可以有更多篇幅一一感谢每一个人。现在我只能在这么短的一段话里，感谢所有的家人、朋友、员工、买书和卖书的人、渴望成为作家的人、写作训练营的学员、我的学生、桌游玩家，以及我生命中支持和鼓励我——或者至少是容忍我的创作习惯——的每一个人。

Rachel Randall，为本书的出版付出努力的团队以及F+W Media的整个团队，还有Jennifer Dechiara，你们太棒了！我们至少还要合作十年。

# 译后记

如果你拿到了《会写作的大脑》这本书，首先就会被它的“颜值”吸引。

写作不再是作业本或者电脑屏幕上令人望而生畏的一片空白，不再是正襟危坐、苦思冥想和枯燥的烦恼时刻，而是变成了一场调动你所有感官的游戏，你要运用你的视觉、听觉、嗅觉、味觉、触觉，你要大声疾呼，要手舞足蹈。那些在原来的写作中束缚你的规则和桎梏，会让位给想象力和创造性的迸发；那些对作品的自我怀疑和患得患失，会在游戏的乐趣中烟消云散。

在这本书中，你会用各种各样的工具写作：铅笔、钢笔、蜡笔、马克笔，或者橡皮。你会用各种各样的姿势写作：坐着、站着、躺着、用左手、用右手，甚至用脚。你会在各种各样的地方写作：家里、车上、教室、游乐场、度假村，或者你在想象中去到的任何地方。你还会变成各种各样不同的人，从在秘密日记中倾吐心事的15岁少女到未来空间站的宇航员，只要你愿意，你可以是任何人。一句话：你自由了！

这些练习让我想起童年玩过的文字游戏，有些是自娱自乐，有些是跟小伙伴一起创造的，有时候可能有点傻里傻气的。但它们让我觉得文字是那么有趣的东西，只要一支笔、一张纸，加上我们的想象力，世界就永远不会无聊。现在，你也可以开始体验这种乐趣了，几百个游戏，每天十分钟，跟文字尽情嬉戏吧。

从这些练习中，可能会诞生某篇评论、散文或短篇小说的雏形，经过适度的加工润色，就可以向报刊或出版社投稿。也可能结果只是一整页杂乱无章、不知所云的“乱码”，不过没关系，你不必把它拿给任何人看。所以，下笔时不需要有任何压力，想写什么就写什么，把这本书当成完全属于你自己的秘密花园，无论结果如何，你都会发现自己跟做练习之前不一样了，创意的火花在你头脑中燃烧，写作障碍和瓶颈被你抛到了脑后。

需要说明的是，原书的练习是基于英语写作设计的，包括了许多英语中有趣的文字游戏，无法用汉语直接表达。在翻译的过程中，对这类练习进行了相应的改编。举个最简单的例子，一种最常见的英语写作练习就是给出某个字母，要求使用以这个字母开头的单词；在中文版中，练习会要求你使用以这个字母为拼音首字母的汉字。对于有兴趣练习英语写作的读者，也可以简单地将规则置换回去，去寻找以某个字母开头的单词。你会发现，英语中所有妙趣横生的习语、方言、谐音和双关语，中文全都不遑多让，无论使用哪种语言，都不会减损写作的乐趣。

说了这么多，你是不是已经跃跃欲试了？还等什么，马上开始吧！

唐奇

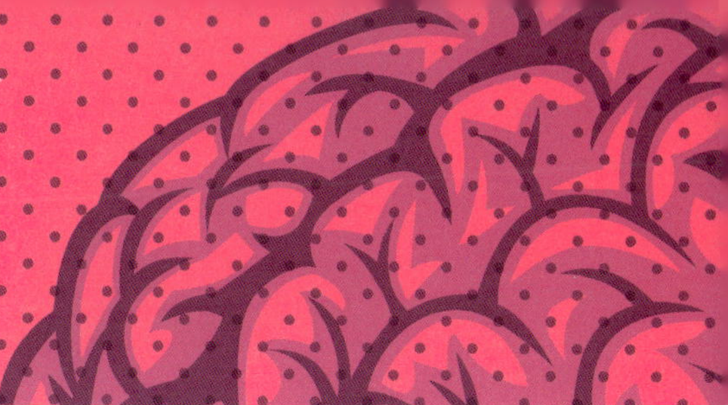

# 推荐语

“邦妮·纽鲍尔的《会写作的大脑》中包含大量练习，帮助孩子们为想象力热身，清扫大脑中的积尘，同时提供了切合实际的建议和鼓励。”

——哈利·艾弗伦（Hallie Ephron）
《纽约时报》畅销书《晚安，睡个好觉》*（Night Night, Sleep Tight）*和埃德加奖提名作品《神秘小说创作和出版指南》*（Writing and Selling Your Mystery Novel）*的作者

“《会写作的大脑》是一座宝藏——从塑造人物、创作故事的超有趣练习，到克服写作障碍的奇思妙想。如果你遭遇了卡壳，如果你正要着手一部新作，或者如果你恰好需要灵光一现，这本书都能帮上忙！”

——雪莉·贝科斯基（Sheree Bykofsky）
文学经纪人，雪莉·贝科斯基联合公司创始人



“那些很难坚持每日练习和挤时间写作的人会发现，《会写作的大脑》是一个令人欣喜的解决方案。这本书提供了许多诱人的挑战，一年中的每一天都能激发创造力和故事灵感。”

——简·弗里德曼（Jane Friedman）
作家、教授

“邦妮·纽鲍尔的《会写作的大脑》充满了生动有趣、催生创意的说明和练习。每个练习都是一次难忘的冒险，点缀着恰到好处的幽默。”

——克里斯·邓迈尔（Chris Dunmire）
创意写作导师、奖励创意门户网站（www.creativity-portal.com）创办者

“很久没有读过这么令人欲罢不能的书了。无论何时你用它来突破瓶颈、强化练习或者寻找乐趣，它都能激发你的创造力，为你的写作过程增加乐趣。这本书也是送给小朋友的完美礼物！”

——詹娜·格拉泽（Jenna Glatzer）
畅销书作家，著有三十余部作品

“通常我对‘写作练习’并不感兴趣——可能是因为它们看起来都一样。直到我看到邦妮·纽鲍尔这本书，然后想：嘿，看起来很有趣！对这本书，你不可能随便翻翻，完全不被吸引——而一旦你上钩了，就会一发而不可收。这本书对那些需要点燃或者重启写作灵感的人都是最完美的选择。”

——莫伊拉·艾伦（Moira Allen）
writing-world.com网站编辑，《自由作家入门指南》
*(Starting Your Career as a Freelance Writer)* 的作者



“如果你在写作时遇到了困难，你需要《会写作的大脑》。本书中的练习能帮助你点燃创意的火花，突破创作瓶颈。”

——约翰·克雷默（John Kremer）
《图书营销1001法》*(1001 Ways to Market Your Books)* 的作者

“你在开始写作时遇到过困难吗？以后不会了。拿起《会写作的大脑》，释放你内心的作家自我。这些充满创意、异想天开的日常练习能帮助你迅速进入状态，并且坚持写作。”

——巴德·加德纳（Bud Gardner）
作家，著有《作家心灵鸡汤》*(Chicken Soup for the Writer's Soul)* 等书

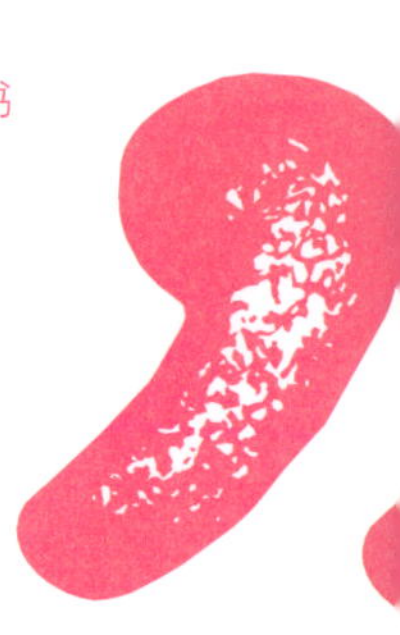

图书在版编目（CIP）数据

会写作的大脑.1，梵高和面包车：修订版 /（美）邦妮·纽鲍尔(Bonnie Neubauer)著；唐奇编译.-- 北京：中国人民大学出版社，2018.7
（创意写作书系）
书名原文：The Write-Brain Workbook Revised & Expanded 1
ISBN 978-7-300-25756-3

Ⅰ.①会… Ⅱ.①邦… ②唐… Ⅲ.①写作－青少年读物 Ⅳ.① H05—49

中国版本图书馆 CIP 数据核字 (2018) 第 087959 号

创意写作书系
会写作的大脑 1
梵高和面包车（修订版）
［美］邦妮·纽鲍尔 著
唐奇 编译
Hui Xiezuo de Danao

| | | | |
|---|---|---|---|
| 出版发行 | 中国人民大学出版社 | | |
| 社　　址 | 北京中关村大街 31 号 | 邮政编码 | 100080 |
| 电　　话 | 010－62511242（总编室） | | 010－62511770（质管部） |
| | 010－82501766（邮购部） | | 010－62514148（门市部） |
| | 010－62515195（发行公司） | | 010－62515275（盗版举报） |
| 网　　址 | http://www.crup.com.cn | | |
| | http://www.ttrnet.com（人大教研网） | | |
| 经　　销 | 新华书店 | | |
| 印　　刷 | 北京雅昌艺术印刷有限公司 | | |
| 规　　格 | 210 mm×276 mm　大 16 开本 | 版　　次 | 2018 年 7 月第 1 版 |
| 印　　张 | 8 | 印　　次 | 2018 年 10 月第 2 次印刷 |
| 字　　数 | 57 000 | 定　　价 | 68.00 元 |